［英］温斯顿·丘吉尔—著　　李国庆等—译

CHURCHILL'S MEMOIRS OF WORLD WAR II

丘吉尔二战回忆录

德黑兰聚首

SPM
南方传媒　广东人民出版社

·广州·

图书在版编目（CIP）数据

德黑兰聚首 /（英）温斯顿·丘吉尔著；李国庆等译. -- 广州：广东人民出版社，2024.8. --（丘吉尔二战回忆录）. -- ISBN 978-7-218-17980-3

Ⅰ. K835.617=5；K152

中国国家版本馆 CIP 数据核字第 2024T3K966 号

QIUJI'ER ERZHAN HUIYILU · DEHEILAN JUSHOU

丘吉尔二战回忆录·德黑兰聚首

［英］温斯顿·丘吉尔 著　李国庆等 译　　　版权所有　翻印必究

出 版 人：肖风华

责任编辑：范先鋆　戴璐琪
责任技编：吴彦斌
封面设计：贾　莹

出版发行：广东人民出版社
地　　址：广州市越秀区大沙头四马路 10 号（邮政编码：510199）
电　　话：（020）85716809（总编室）
传　　真：（020）83289585
网　　址：http://www.gdpph.com
印　　刷：三河市人民印务有限公司
开　　本：787 毫米 × 1092 毫米　1/16
印　　张：12.25　　字　　数：180 千
版　　次：2024 年 8 月第 1 版
印　　次：2024 年 8 月第 1 次印刷
定　　价：68.00 元

如发现印装质量问题，影响阅读，请与出版社（020-87712513）联系调换。
售书热线：（020）87717307

《丘吉尔二战回忆录》 译者

（排名不分先后）

李国庆	张　跃	栾伟霞	曾钰婷	刘锡赟	张　妮
李楠楠	汤雪梅	赵荣琛	宋燕青	赖宝滢	张建秀
夏伟凡	王　婷	江　霞	王秋瑶	郑丹铭	姜嘉颖
郭燕青	胡京华	梁　楹	刘婷玉	邓辉敏	李丽枚
郭轶凡	郭伊芸	韩　意	李丹丹	晋丹星	周园园
王瑨珽					

战争时： 意志坚定
战败时： 顽强不屈
胜利时： 宽容敦厚
和平时： 友好亲善

致　谢

　　对于全力协助我完成前几卷的陆军中将亨利·波纳尔爵士、海军准将艾伦、迪金上校、丹尼斯·凯利先生和伍德先生，我必须再次表达我的谢意。同时，也向不遗余力地审阅原稿并提出建议的众多人士致谢。

　　空军元帅盖伊·加罗德爵士为我提供有关空军方面的资料，在此表示感谢。

　　伊斯梅勋爵以及其他朋友也锲而不舍地给予我帮助。

　　承蒙英王陛下政府准予，我复制了版权归属于英王陛下政府文书局的一些官方文件，特此致谢。遵照英王陛下政府的指示，为保密起见，我改述了本卷①所刊载的某些电文，但并未改变原来的含义或实质。

　　感谢罗斯福财物保管理事会允许我在本卷中引用罗斯福总统的一些电文。还有对那些同意发表其私人信件的人，在此也一并致谢。

---

　　① 原卷名为"收紧包围圈"，现分为《步步为营》《四面楚歌》《德黑兰聚首》《困兽之斗》四册。——编者注

前　言

　　在上一卷（《陈兵太平洋》《进犯南亚》《攻守易形》《营救非洲》《非洲的胜利》《形势逆转》）中，我阐述了从 1942 年冬至 1943 年春，我军经历关键性的转折，拨开云雾见月明。本卷（《步步为营》《四面楚歌》《德黑兰聚首》《困兽之斗》）则记载了从 1943 年 6 月开始为期一年的战事。我军掌握了制海权，钳制了德国潜艇，空中优势已无人能及。西方盟国拿下西西里，占领意大利，墨索里尼政府倒台，意大利投怀送抱，为我所用。苏联从东面强攻，希特勒所占领的国家已经陷入包围之中，孤立无援。与此同时，日本也被迫陷入守势，无力挽留它的疆土。

　　目前同盟国面临的危机不是战败而是僵持。他们迫切需要进攻这两大侵略者的国土，从敌人的魔爪下解放饱受压迫的人民。英美两国就这个世界性难题于夏季在魁北克和华盛顿召开会议。11 月，三位核心盟友在德黑兰再次聚首。为了实现共同目标，我们都有赴汤蹈火的决心，但在方法和重心的问题上却莫衷一是，毕竟各国的立场不同。现在我将讲述三国如何在重大问题上达成共识，故事要追溯到罗马的解放和英美联合跨越海峡登陆诺曼底的前夕。

　　我将沿用在前几卷中使用的叙述方法，仅从英国首相和国防大臣的立场，为历史添砖加瓦，我当时写的指令、电报和备忘录可作为客观有效的依据。有人提议，上述文书的回复也应该附上。但我觉得有必要缩减和精选文字工作，为了体现故事的完整性，最后一卷即将出版，仓促之中未能照顾到各位的高见，我只能在此致以歉意。

　　书中所述之事已过去七年了，国际关系也已重新洗牌。过去的盟友如今心存芥蒂，新一轮的更浓密的乌云聚拢起来。曾经的敌人却握手言和，甚至称兄道弟。本卷所引电文、备忘录和会议报告中夹带的某些情绪和语句可能会令别国的读者感到不快。我只能提醒他们，这些文件具

1

有历史价值，且当时处于激烈的恶战中。面临生死攸关的时刻，没有人会对敌人好言好语。另一方面，如果美化这些激烈的言辞，就无法呈现真实的历史。时间和真相会治愈一切伤痛。

温斯顿·丘吉尔

于肯特郡，韦斯特勒姆，恰特韦尔庄园

1951 年 9 月 1 日

目录
CONTENTS

第一章
ONE
开罗

"声望"号之行——罗斯福总统抵达——地中海地区的兵力安排和责任划分不切实际——德军控制了爱琴海东部——"霸王"行动计划带来了消极影响——关于最高统帅的问题——盟国不发表意见——启程前往德黑兰

11月12日下午，我们一行人乘坐"声望"号从普利茅斯启程，此行使我离开英国两个多月。除了我的随身侍从外，与我一道的还有美国大使怀南特先生、第一海务大臣坎宁安海军上将、伊斯梅将军和国防部的其他官员。当时，我得了重感冒，喉咙疼痛，接种伤寒疫苗和疟疾疫苗后，这些药的副作用又加重了我的病情。几天来，我难受得厉害，一直卧床不起。我的内阁同仁建议我的女儿萨拉随我同行，这真是个贴心的好主意。就这样，在空军服役的女儿成了我的副官。我们平安穿过了比斯开湾，通过直布罗陀海峡时，我已经能够在甲板上走走了。16日，我们一行人在阿尔及尔停留了几个小时，在这期间，我与乔治将军就法军在非洲战场的局势进行了长谈。夜幕降临时，我们再度出发，并于17日抵达目的地马耳他岛。

在马耳他岛，我遇见了许多重要人物，其中就有艾森豪威尔将军和亚历山大将军。说到他们二位，我要提一下，突尼斯战役得胜后，我向国王提议，授予亚历山大将军"北非荣誉绶带"，上缀数字"1"和"8"以纪念在此次战役中功勋卓著的英国第一、第八集团军。艾森豪威尔将军作为此次战役的最高统帅，也理应获得这份荣誉。国王答应了我的建议，因而，我有幸将这独一无二的荣誉授予他们二位。我在他们的外套上别上绶带时，他们谁都没料到自己会得到这份荣誉，

讶异之余也难掩喜悦。马耳他总督原本的官邸不幸遭受轰炸，没法居住了。于是他在战时官邸为我们举办了晚宴。虽然抵达马耳他岛时，我又感冒了，还发着高烧，但我参加这场晚宴还是没什么大碍的。

在马耳他岛的日子里，我一刻不停地处理公务，迫于病情，我不得不一直待在床上。只有两次起身出行，一次是参加参谋会议，另一次则是去参观被炮火炸得满目疮痍的海军工厂，为马耳他之行收尾。海军工厂的职员和工人们满怀热情，共聚一堂，欢迎我的到来。11月19日午夜，我们又踏上了航程，驶向亚历山大港。

罗斯福总统发来电报称，他的安全事务顾问们担心，倘若将会议地点定在开罗，德国很有可能从希腊或是罗得岛发动空袭，这未免风险太大。于是，他们建议将开会地点定在喀土穆。这显然不会是罗斯福总统本人的意思，因为他早将个人生死置之度外了。然而，我们所有的随行人员有近五百人，喀土穆怕是难以安置。于是，我便吩咐伊斯梅去查查马耳他岛的情况。他反馈道，遭受空袭后的马耳他岛伤痕累累，不仅安置不了我们这大批人员，住宿设施也简陋极了。与之相反，开罗一切与会安排皆已完备。由此，我决定坚持将开会地点定在开罗。倘若德军来袭，八个驻扎在亚历山大港的英国空军中队定能拦截敌军，并将其击溃。我们将住在金字塔附近，一个步兵旅以上的兵力会将我们的住所层层守住。不仅如此，五百多门高射炮也将严阵以待。据此，我向"依阿华"级战列舰发去电报，罗斯福总统正乘坐此舰横渡大西洋。

英国首相致罗斯福总统：
　　请您阅读《约翰福音》第十四章一至四节。
　　　　　　　　　　　　　　　　　　1943年11月21日

电报发出后，我又仔仔细细地把这些章节读了一遍，读时未免有些担心。一是怕这样做万一亵渎了神灵，这便与我本心不符了。再者，也暗想自己未免有些独断专权，恐会冒犯了美方。事实证明，是我多虑了。罗斯福总统力排众议，维持我们的原计划不变。事实上，直到会议结束，金字塔周遭数百里都没看到半点德国飞机来袭的痕迹。

＊　　　＊　　　＊

11 月 21 日清晨，"声望"号抵达亚历山大港，未作停留，我即刻向沙漠飞去，很快便到了金字塔附近的机场。我在沙漠的住所相当舒适，凯西先生将我安置在他自己所住的别墅里，吃穿用度随我心意。住所外围便是广阔无垠的凯瑟琳森林，全球闻名的开罗富豪们将别墅和花园建在此地，看起来鳞次栉比，极尽奢华。蒋介石及其夫人则早早在距我一英里外的地方安置妥当。罗斯福总统则将住在美国大使柯克的别墅内，屋子宽阔敞亮，距离通往开罗的道路约有三英里远。第二天早上，他乘坐"圣牛"号飞机抵达沙漠机场，我赶去迎接并同他一道坐车来到了他的住所。

不久，随行的参谋们也聚集起来。金字塔对面的米娜宫酒店是此次会议的总部，也是所有英美三军参谋长们的集合处。我的住所就在附近，距离酒店仅半英里。这片区域防守严密，随处可见军队及高射炮，各个通道也都安设了最为严密的警戒线。很快，各级人员便分头开始处理亟待解决和调整的各项事务，他们的工作量可不算小。

先前，我们一直担心蒋介石参会可能会带来种种不良后果。不幸的是，我们担心的事情还是发生了——中国战情繁杂极了，花了我们很长时间来讨论，这极大干扰了英美三军参谋长们的正常会谈，而那些情况对整体战局的影响并不算太大。不仅如此，罗斯福总统也过于重视中印战场的情况。很快，他便私下里同蒋介石多次长谈，这点我稍后也会谈到。我们本打算劝蒋介石夫妇先参观金字塔，游玩几天，待到我们从德黑兰回来后，再把中国事宜放在最后讨论，然而这一希望落空了。最终，我们在开罗最先讨论的便是中国的各项问题。不顾我的反对，罗斯福总统向中方承诺，未来的几个月内将在孟加拉湾开展大规模两栖作战行动。比起我的土耳其行动及爱琴海行动，这一计划所要用到的登陆艇及坦克登陆艇也更多，而这些资源正是"霸王"行动紧缺的。由此，进攻孟加拉湾将会极大影响"霸王"行动的顺利开展。不仅如此，也定会严重阻碍我们即将在意大利发起的大规模行动。11 月 29 日，我致信三军参谋长："首相明确拒绝蒋介石所提出的请求，即在缅甸进行陆战的同时，再发起一次两栖作战行动。我希望将这一事实记录在案。"直到我们从德黑兰返回开罗以后，我才最终劝服罗斯福总统收回他对蒋介石所做的承诺。即便如此，此事所导致的种种错综复杂的问题却难以避免了。详情我会在下文中细谈。

我还从未亲自见过蒋介石，当然要趁此机会前去拜访。我来到了他和他的夫人所居住的别墅，他们的住所非常舒适。蒋介石沉着内敛、行事果断，使我印象深刻。当时，他的威望和权势正处在巅峰，在美国人看来，他是世界上举足轻重的人物之一。美国各界人士曾公认，战争胜利后，他必将会成为中国的首脑，领导世界第四大国。后来，大部分人都放弃了原来的看法，觉得自己高估了蒋介石。而我，虽然在那时并未像他们一样高估蒋介石的权力，或是他对中国未来发展的贡献，但在当时，我坚信蒋介石所坚持的事业为他带来了极高的名望，他也一直在为这项事业而奋斗。

蒋介石夫人魅力无穷、举止非凡，和她谈话着实令人愉悦。我告诉她说，我们二人同在美国时，竟未能找到机会会面，这何尝不是一件憾事。我们一致认同，我们在将来的会谈不可因烦琐的礼节而受阻。一次，我们在罗斯福总统的别墅中开会，总统让人给我们所有人拍了张合影，照片里就有蒋介石及其夫人。我一直保存着这张照片留作纪念。

*　　*　　*

在前往开罗的航行途中，我曾起草了一份文件。萨勒诺战役大获全胜，随后两个月内地中海战场的行动却不甚乐观，这份文件便是针对地中海战场指挥失当问题的控诉书。我将控诉书交由三军参谋长审阅，他们赞同文件的主体内容，只针对一些细节提出了修改意见。修改后的最终版本内容如下：

1. 从阿拉曼战役和西北非登陆行动起，一年来，在各个战场上，英美联军几乎所向披靡。毋庸置疑，在两国政府首脑的领导下，由联合参谋长委员会指挥战争的作战方式是成功的。在这样的指挥之下，我们的司令官们在各个战场上捷报频传、屡获战果。不论是战争的最高指挥部门，还是战场上的司令官和军队，都配合默契，互相理解包容，超越了历史上一切战争同盟关系。从阿拉曼战役起，到那不勒斯战役，以及到在意大利部署兵力为止，盟军的联合作战行动都算得上指挥有度、硕果累累。

2. 然而，我们被自己的胜利冲昏了头脑，某种程度上来说，过分高估了我们的战果。在意大利登陆成功之后，形势有所改变。英美双方参谋长虽对战争原则性问题看法一致，但在战争侧重点上却产生了分歧。我们决不能因目前取得了成就而止步不前。反之，为了改进作战方法、不断提升工作质量，我们必须时刻自省，不仅需要各方分别审视自己存在的问题，也要团结一致、互相监督，共同反省工作中的不足。

3. 9月，盟军在意大利登陆且成功部署兵力。然而自那之后，地中海战场的战局走势并不乐观。就算将恶劣的天气状况考虑在内，盟军在意大利的集结和向前推进的速度也极为缓慢。与敌军相比，我方兵力在前线的优势并不大。多支部队登陆过后便直接投入战斗，没有片刻歇息。与此同时，驻扎在战场附近西西里岛上的两支英国精锐部队——第五十师及第五十一师，先是被撤去了装备，随后又被下令撤回英国。从东海岸或西海岸实施两栖作战行动，以协助我军向前推进的计划一直未能成行，理想的进军速度便也未能实现。我们急缺登陆艇，而这些登陆艇一部分已被调遣回国。雪上

加霜的是，回国途中天气状况恶劣，这批登陆艇损失惨重。尚未回国的登陆艇也已奉命集结，准备向英国撤退。虽然现在撤回这批登陆艇的日期推迟到了 12 月 15 日，但对地中海战场来说，已然意义不大。10 月至 11 月，这些登陆艇所发挥的作用，也仅仅是运送一些交通工具上岸。不仅如此，因为要在意大利筹建战略空军部队，所以耽误了对前线的增援。如此一来，陆地作战行动整体便陷入停滞状态。想在 1943 年攻占罗马几乎是不可能的了……

4. 除上述问题外，我们亦未能向南斯拉夫游击队和阿尔巴尼亚的爱国者们提供任何实质性的帮助。英美双方牵制的德国师加在一起也不比这些游击队多。两个多月来，我们一直在亚得里亚海口掌握着海空优势，却没有任何船只向游击队员所驻扎的口岸运送给养。迄今为止，这些游击队的给养仅能通过空投来获取。而德军的进展却有条不紊，他们逐步将这些游击队驱逐出各个口岸，控制了整个达尔马提亚海岸。我们已无法阻止德军侵占科孚岛和阿尔戈斯托利了，而此时此刻，这些岛屿的控制权已经掌握在了德国人手中。由此看来，德国人已从意大利溃败的阴影中走了出来，克服了失去这一盟友所带来的重重困难。而今，德国已经更加疯狂地投入到扫荡爱国势力的战斗中，力图切断他们同海上的联系。

5. 为何会形成这样的局面？这是因为我们在地中海地区划分了一条假想的责任线。这样一来，达尔马提亚海岸及巴尔干半岛地区便脱离了艾森豪威尔将军的控制，被划入了中东司令部的威尔逊将军的责任范围之内，然而威尔逊将军却并无在此地区作战的兵力。艾森豪威尔将军掌握兵力却无控制权；威尔逊将军承担指挥责任，手下却没有兵力。这种安排怎么称得上理想呢？

6. 多德卡尼斯群岛①及爱琴海地区受挫最为严重。意大利溃败后，经其同意，我们很快便占领了意大利控制下的若干岛屿，这些岛屿中，莱罗斯岛和科斯岛是最重要的两个战略要地。无疑，若想控制爱琴海地区，罗得岛自然最为关键，然而，我们并未成功攻下这一岛屿。没过多久，希特勒便认识到，我们没费多大力气便轻易拿下的莱罗斯岛要塞，具有极为重要的海战地位和政治意义。于是，希特勒这个老顽固决定，他将亲自夺回爱琴海地区的主导权。希特勒将本可用于意大利战场的大批德国空军部队调至爱琴海，他还临时安排了海上运输②。显而易见，德国将在10月初袭击莱罗斯岛及科斯岛。我方用于防守科斯岛的兵力仅有一个营，10月4日，德军攻占科斯岛。出乎人们的意料，我方在莱罗斯岛的守卫极为顽强，抵抗了很久。但不幸，11月16日，莱罗斯岛沦陷。整场战役英方伤亡人数共计五千。敌军却收获了自阿拉曼战役以来的首胜。当然，北非最高司令部并不对这些战役承担任何责任……

7. 目前，爱琴海地区已经完全处于德国人的掌控之中。虽然，德国在意大利战场上本就不占空中优势，但希特勒依旧不加犹豫地将意大利战场的空军调至爱琴海地区，而这批空军，足以使其完全控制爱琴海战场。在地中海战场，英美空军所投入的一线战机共有四千多架，德国全部的空军力量也差不多仅此而已。然而，德军在爱琴海地区故伎重演，把在对付我方空军力量薄弱时的老一套手段搬出来用，居然成功了。德国人用"斯图卡"俯冲轰炸机来对付我们最为精锐的部队，炸沉或炸毁我们的舰艇……

---

① 多德卡尼斯群岛是一个地名，是指希腊东南部以罗得岛为中心的一群岛屿。一战后成为意大利的殖民地。——译者注

② 根据德国的档案，在这个时期，德国驻爱琴海的空军部队增添了近三百架飞机，而它在意大利的空军却减少了约二百架飞机。

8. 造成这些不幸的原因有二：（1）正如我先前提到的，人为划分的界线将地中海一分为二，东西两侧权责分离。东侧战场生死攸关，切身利益受到严重威胁，而手握兵力的西侧指挥官却全然不用对此承担任何责任。（2）"霸王"行动计划带来了重重阻碍。魁北克会议结束后，意大利溃败成为定局，意大利舰队投降，盟军顺利攻入欧洲大陆。虽然种种情况发生改变，但我们一直没找到机会再次碰面。于是，直到两周前，魁北克会议的各项决议都未作丝毫调整。我们现在面临这样的局面，倘若"霸王"行动的既定日期维持不变，地中海战场将继续遭受一系列的挫折和阻碍——巴尔干半岛的情况将会恶化，爱琴海也将一直处于德国控制之中。我们被迫陷入以上的种种困局，就是因为事事都要为定在5月开始的一场行动让路，而这时间是以行动前种种设想顺利实现为前提制定的。可现在，在这个日期前，这些设想成功的可能性并不大。如果我们放松了对地中海战场的戒备，这些设想便根本不可能实现了。

9. 当前，军队中几乎人人皆知，我们需要为将在春季某处实施的行动而做出必要的牺牲。为此，地中海战场上大量人力物力被抽调，使得该战场士气低迷、军队不振。我们必须对此加以重视。不仅如此，地中海战场上——部队撤退、登陆艇返航、军事机构奉命回国，这些事件本身已然带来了种种弊端。一直以来，我们集中全部力量打击敌人，这种精神使我们战无不胜，从阿拉曼战役到突尼斯战役，无一败绩。然而现在，我们却被迫分心，兼顾其他。而今，我们仅能与敌军在地中海战场正面对抗，并借数量上的优势击垮敌军。可是，在随后几个月中唯一能取得战果的地中海战场，我们却放缓了战争进度，这可真是援助苏联人的一个"好主意"。

* * *

11月23日，星期二，开罗会议（代号"六分仪"）第一次全体大会在罗斯福总统的别墅召开。会议旨在正式向蒋介石及其所率的中国代表团简要说明——联合参谋长委员会在魁北克会议上拟订的东南亚作战计划草案。第一个发言的是蒙巴顿海军上将，他率领随从人员从印度乘飞机赶来参会。他介绍了接下来将于1944年在东南亚战场实施的一系列军事计划。随后，在他发言的基础上，我补充介绍了海上战场的大致情况。意大利舰队投降，海上战场的其他战局也进展顺利，不出意外的话，很快便可在印度洋成立一支英国舰队，舰队将包括至少五艘现代化主力舰、四艘重型装甲巡洋舰和十二艘辅助运输舰。这时，蒋介石插话道，他认为，若想缅甸战役获胜，除了要依靠印度洋地区的英国舰队以外，还要有相应的陆上行动加以配合。我指出，孟加拉湾的海上行动并不需要陆上作战的配合。在西西里岛作战时，海上舰队能够近距离支援陆上行动。缅甸战场则不同，在陆军作战时，我们的主舰队基地能够在战场两三千英里以外发挥其制海权影响。

这次会议很快便结束了，会议商定，由蒋介石同联合参谋长委员会一道，进一步商讨相关细节。

* * *

次日，罗斯福总统召开第二次会议，此次参会人员为联合参谋长委员会，中国代表团未出席。此次会议的议题为欧洲及地中海地区的作战计划。赴德黑兰前，我们希望能够审视这两个战场之间的关系，并充分交换意见。首位发言的是罗斯福总统，他谈到，此时在地中海战场，我们可能采取的任何行动，包括土耳其参战问题，会对"霸王"行动产生怎样的影响。

轮到我发言时，我讲到，当前最为关键的依旧是"霸王"行动。

然而，不能让地中海战场的其他活动都受制于这一行动。譬如说，登陆艇的调配应更为灵活。亚历山大将军曾提议，调派登陆艇撤离地中海战场前去参加"霸王"行动的日期应从12月中旬延迟到1月中旬。英国和加拿大也已受命再建八十艘坦克登陆艇。除此之外，我们还应该做出更大的努力。我们或将发现，英美双方参谋长争执的焦点所涉及的兵力，不到双方共同战争资源的十分之一，这还是未把太平洋战场计入在内后的结果。这说明，在处理这些问题时，我们可以更为灵活。然而，我必须强调，我们始终在全力准备"霸王"行动，我希望不要再有任何人认为，"霸王"行动正被削弱、搁置甚至是将被取消。总而言之，我提议在1月攻占罗马，2月拿下罗得岛；恢复对南斯拉夫的物资供应；解决司令部的权责问题；劝服土耳其参战并借此打通爱琴海地区；在不影响上述地中海战场的总方针的前提下，全力备战"霸王"行动。

上述内容忠实记录了我在德黑兰会议前夕所持观点。

*　　　*　　　*

结束了莫斯科的会谈后，艾登先生返英。此时，他又从英国飞来，同我们会合。他的到来对我帮助极大。莫斯科会议结束后的回国途中，他同伊斯梅将军一道在开罗会见了土耳其外交部部长及其他土耳其代表。同土耳其方面会谈时，艾登先生指出，我方急需借用位于安纳托利亚西南部的空军基地。他解释道，因为德军空中优势明显，我方在莱罗斯岛和萨摩斯岛的军情不容乐观。后来，这两个岛也确实失陷了。会谈中，艾登先生亦详细分析了土耳其参战所带来的诸多利处。其一，保加利亚人将被迫把兵力集中在国境线上，这样一来，德国人只能派出十个师左右的兵力来替代原本驻于希腊及南斯拉夫的保加利亚兵力。其二，我们将有机会进攻普洛耶什蒂，此地可能在战争中发挥决定性作用。其三，德国将无法从土耳其获得铬供应。其四，将极大地打击敌人士气。土耳其参战后，德国及其附庸国可能会更快瓦解。听完艾登先生的陈述后，土耳其代表团不为所动。他们说，如果同意借出安纳托利亚的空军基地，便相当于土耳其变相介入战争。倘若土耳其介入，便无法阻止德国报复性袭击君士坦丁堡、安哥拉和士麦那。我们承诺，倘若德国空袭土耳其，我们将提供足够的战斗机予以抵抗。更何况，德军处处受制，根本没有闲置兵力袭击土耳其。然而，土耳其方面依旧不放心。这些会谈仅有的成果便是，土耳其代表团承诺他们将把会谈内容报告政府。土耳其人亲眼见证着爱琴海地区的事态发展，如今他们小心谨慎些倒也无可厚非。

*　　*　　*

此后，我再也没听到过任何成立联合司令部的计划，即负责指挥"霸王"行动及地中海战场的最高指挥部。由此我认为，英国的建议已经被接纳了。然而，11 月 25 日，美国三军参谋长联席会议向我们提交了一份正式备忘录，提议成立最高统帅部。当时我们还在开罗。显而易见，罗斯福总统和美国的最高司令部坚持认为，应当委派一位最高统帅，负责指挥盟国在地中海战场及大西洋战场的所有对德战役，还应任命一名西北欧作战总司令和一位地中海盟军总司令。最高统帅应负责管辖西北欧作战总司令及地中海盟军总司令，计划并实施在这两个战场所开展的军事行动，并可在适当时根据需要调配两个战场的兵力。当时，我们在陆海空方面均占有极大优势，并且必将在随后几个月中延续这一优势地位，这一点我们必须牢记。不仅如此，得益于亚历山大和蒙哥马利将军在突尼斯和沙漠战场的胜利，我们的声望极高。

于是，美方的备忘录一经提出，便很快遭到了英国三军参谋长的强烈反对。他们和我所持观点均留有书面记录。下文所示，便是英国三军参谋长对美方的反驳：

英美对德战争的军事指挥问题
——英国三军参谋长备忘录

　　仔细研究了美国三军参谋长联席会议所提出的"委派一位最高统帅，负责指挥盟国在地中海战场及大西洋战场的所有对德战役"的建议后，英国三军参谋长认为，此项提议政治影响极大。很显然，英美政府需要极为审慎地考虑这项提议是否可行。在此，英国三军参谋长必须即刻声明，从军事角度来看，他们完全反对此项提议。反对的理由如下：

　　我们应广义地理解"军事"一词，全面战争并不仅仅事关兵力强弱。几乎所有的重要战争都暗含着其政治、经济、工业及内政影响。由此看来，很显然，在处理所有重要问题时，这位对德战争的最高统帅都需要与英美政府进行磋商。归结起来看，事实上只有在处理相对次要，并且完全是军事方面的问题时，他才能不去征询最高权力机构的意见，自己做出决断。就比如说调遣一两个师或几个空军中队，或是几十艘登陆艇到他所管辖的另一个战场上。这样一来，这位最高统帅在整个指挥系统中形同鸡肋。

　　这位设想中的对德最高统帅的地位，和福煦元帅在刚刚过去的战争中的地位并无可比性。福煦元帅仅负责指挥西方战线及意大利战场，并不承担萨洛尼卡战场、巴勒斯坦战场及美索不达米亚战场的责任。然而，这位设想中的最高统帅，不仅将对整个"霸王"计划和意大利战场负责，也要指挥巴尔干半岛战场，若土耳其参战，他还将负责土耳其战场事务。盟国政府委托给单个军人的职权，必须要限定在某个范围内，以免权责过重。然而，现在这位设想中的最高统帅的职权范围，未免过大了些。

　　按照美军三军参谋长联席会议的提议来看，这位最高统帅"受联合参谋长委员会制约，所做提议可被联合参谋长委员会驳回"。如果委任最高统帅的目的在于保证高效做出战事决策，那么上述限制性条款岂不是刚好起了反作用。按上述条款实施，将一定会发生这样的事——最高统帅下达命令后，军队服从命令行军，然而，联合参谋长委员会又驳回了这条指令，混乱便由此产生了。此外，还有可能会发生这种情况——最高统帅下达决定后，英国三军参谋长表示支持，而美国三军参谋长却完全反对此项决议，这该如何决断呢？再比如说，单纯就军事来看，联合参谋长委员会全力支持最高统帅所定决议，然而，此项决议涉及的某个国家政府却拒不批准，这又该怎么办呢？

最高统帅若想掌握实际指挥权，那他便需要把全部情报、参谋和行政等部门集合起来，这些人员规模将是空前庞大的。除了阻碍各战区司令和联合参谋长委员会的直接联系外，这大批人员什么作用也没有……

现行指挥机制久经考验，在过去的两年中运行稳定。如果现在因为一些小问题而出现了漏洞，我们应该做的是仔细检查，进而努力提升机制运行效率并完善这一机制。不能因为这些小问题就全面否定当前机制而试图建立一种全新指挥机制。计划中的新机制——委任最高统帅，在指挥环节中不仅多余，还会影响决策效率，这一尝试必将失败。

1943 年 11 月 25 日

＊　　　＊　　　＊

这些论点使美国三军参谋长动摇了。他们意识到，他们所提议的最高统帅，接替了当前联合参谋长委员会的多数职责，这样一来，联合参谋长委员会几乎完全被架空。因此，他们认定，这个问题应交由政府首脑决议。于是，他们在参谋会议上便不再讨论此事了。

*　　*　　*

我完全支持英国三军参谋长的上述意见。次日，我写了一份备忘录，进一步阐述了这些论点。

对德作战最高统帅问题
——首相兼国防大臣备忘录

1. 萨勒诺战役后，英美两国参谋长及双方政府部门之间分歧频出，这使得指挥战争时困难重重，现行战争指挥机制的缺陷也逐渐暴露。然而，任命一位最高统帅似乎并不能解决上述问题，最高统帅受制于联合参谋长委员会，委员会可否决最高统帅的决议。这样一来，假如那些兼具政治影响的军事分歧再度出现，也只能靠现行的老办法来解决了，即通过联合参谋长委员会和两国政府首脑协商处理。这位最高统帅，享有"世界大战英雄"的名号，但实际上，他的职权小得可怜。一方面，一些政策与策略方面的主要问题，仅能通过现行机制加以决策。另一方面，各个战场中的具体问题，也会由两个战场的最高指挥官来解决。

2. 自然，上述情况根本无法证明，任命一位"对德战争最高统帅"，便能实现各位的种种期待，并能成功设置好与最高统帅密不可分的各个机构。

3. 另一方面，如果这位最高统帅最终确实掌握理想中的指挥权，那么，几乎所有联合参谋长委员会正在负责的工作都将被他接手。过不了多久，最高统帅和政府间的关系便会极为紧张。暂不讨论具体人选，我极度怀疑，是否能有一位出色的官员担此重任，出面决策这些现如今两国政府首脑在联合参谋长委员会的协助下才能解决的各项问题。

4. 地位平等的盟国间讨论指挥权问题时，应尽可能遵循

的一个原则是，哪个国家在某一战场的驻军最多，或是即将在该战场部署的兵力最多，便理应享有这一战场的最高指挥权。根据这一原则，英国应该享有地中海战场的指挥权，美国则该拥有"霸王"行动的指挥权。

5. 如果上述两个战场均由这位最高统帅指挥，在 1944 年 5 月，英国能够参与对德战争的兵力显然要比美方多，根据上述原则，这位最高统帅显然要由一位英国军官来担任。作为英国政府的首脑，我肯定不希望把这样一个惹人厌的职位留给本国军官。换个角度来看，假如不将兵力优势考虑在内，我们任命一位美国军官担任最高统帅。那么，这位最高统帅必将忽视地中海战场，全力备战"霸王"行动。这样的局面也绝不会是英国政府所乐意接受的。不管这位最高统帅是英国人还是美国人，他的立场都会极为尴尬。他在全世界人的面前发号施令，他的命令却又会被这个政府或那个政府推翻，最后除了辞职，别无他法。这样一来，我们两国政府间和谐友好的关系便可能因此受到最为严峻的挑战。

6. 为何不能稍作改进后，继续照现行安排行事，这一点是我所无法理解的。在现有安排下，一位美国司令将指挥大规模横渡英吉利海峡的战役，一位英国司令将指挥地中海战场的战役。在两国政府首脑的领导下，联合参谋长委员会则将负责协调英美司令的行动，为两位司令分配兵力……应增加联合参谋长委员会的开会频率，如若可行，英国参谋长委员会主席每月应花一星期时间访问华盛顿，下一个月，则应由美方主席在伦敦待一个星期。

1943 年 11 月 26 日

启程奔赴德黑兰前，我亲手将这份备忘录交给了罗斯福总统。而直到德黑兰会议开始后，我都不知道总统将作何回复。我私下听说，美国三军参谋长充分意识到，计划中的这位最高统帅极有可能影响联合参谋长委员会的权威，仔细考虑了我方意见后，他们便不再坚持这一计划了。不管在正式场合还是非正式场合，罗斯福总统和他身边的人同我们会面时，都从未再以任何方式提及这一话题。我们之间的会面总是十分融洽。这不由让我深信，马歇尔将军将担任"霸王"行动的总指挥，艾森豪威尔将军则将接替他在华盛顿的职权。而我将代表英国政府，任命地中海战场的指挥官。当时，我确信正在意大利战场拼杀的亚历山大将军必将是地中海战场指挥官的不二人选。于是，这个问题便暂时被搁置了，直到我们重返开罗后，才继续讨论。

＊　　＊　　＊

今年的 11 月 25 日是感恩节，在美国人心目中，这个节日极为重要。按照习俗，美军所有官兵都应在这天享用火鸡。1943 年的这个感恩节，他们吃火鸡的愿望并没有落空。罗斯福总统所乘军舰上也装着许多只火鸡，已运至开罗，供各位美国参谋人员享用可谓是绰绰有余了。应罗斯福总统之约，我来到他所居住的别墅，共进感恩节晚宴。总统说："就让我们把今晚当成一次家庭聚餐吧！"于是，萨拉也同我一道来了，收到邀请的还有罗斯福总统喜欢的"汤米"（汤普森将军）。参加晚宴的还有罗斯福总统的亲信，总统的儿子埃利奥特、女婿伯蒂格少校，哈里·霍普金斯和他的儿子罗伯特。晚宴气氛和谐友好，令人愉快。两只超大个的火鸡被隆重地端上了桌。借着凳子，罗斯福总统坐得很直，他极为熟练地切开火鸡，动作一丝不苟，认真极了。参加晚宴的约有二十个人，总统切了很久，等到后来，罗斯福总统还没来得及给自己切，先分到火鸡的人都已经吃完了。总统给每个人的分量都很足，我起初还在担心，总统会不会自己没得吃。事实证明，罗斯福总统切得恰到好处，看到最后两副鸡骨架被撤下桌，总统开始吃自己那份火鸡时，我便放心了。看到我紧张兮兮的，哈里便告诉我："放心，我们的火鸡管够。"席间，我们轮流致辞，歌颂我们彼此之间亲密而温暖的友谊。在这两个小时的晚宴上，我们忘却了一切烦恼，我从未见过罗斯福总统这么高兴。晚宴过后，我们回到了经常开会的那间大屋子里。这时，唱片机中奏响了悠扬的舞曲。作为在场的唯一一位女宾，萨拉很快便被邀走了。这样一来，我便邀请了沃森"老爹"（罗斯福总统的老友、亲信）同我共舞。罗斯福总统坐在沙发上看我和他的老部下跳舞，开心极了。这个美好的夜晚深深地留在我的脑海里，罗斯福总统切火鸡的场景也历历在目，这大概是我在开罗时最为愉快的记忆之一了。

＊　　＊　　＊

最终，召开德黑兰会议所面临的一切难题都迎刃而解。由于英美苏三方迫切地需要举行会谈，而除了飞往德黑兰以外，其他方案全部告吹。于是，包括美国宪法、罗斯福总统的身体状况、斯大林的冷酷执拗、前往巴士拉途中的种种困难、横穿波斯的铁路在内的种种问题都找到了解决方案。11 月 27 日，天刚亮我们便乘飞机离开开罗，分别沿不同的航线向会议地点飞去。那日天气状况好极了，我们分别在不同的时间安全抵达了目的地。这个会议地点是我们研究了很久以后才定下来的。①

----

① 为了不影响上文的叙述，我并未提到当时困扰我的一个国内问题——释放莫斯利夫妇的问题。

TWO

德黑兰：会议开幕

安保措施——斯大林和罗斯福总统的会谈——第一次全体会议——罗斯福总统首先发言——斯大林阐明苏联前线形势——陈述英方观点——土耳其的立场——参加"霸王"行动的三十五个师——斯大林支持将进攻法国南部作为次要目标——坚持要攻占罗马——罗斯福总统及各个行动的时间安排——针对土耳其问题应采取的正确方针

飞抵德黑兰后的种种接待安排实在让我不敢恭维。抵达机场后，英国公使驾车将我接回英国使馆。驶近城区时，我注意到道路两旁每隔五十码便有一位波斯骑兵站岗守卫，整条守卫线至少绵延三英里。这无疑是在向各色心怀叵测的人昭示着一位重要人物的来临，就连行程路线都被公之于众。那些骑在马上的卫兵除了将我前行的路线广而告之外，起不到任何护卫作用。前方一百码处有辆警车缓缓前行，想必我们应该快到市区了。不久，大量围观的人就把骑兵间的空隙堵得满满当当，我放眼望去，只能看到几个警察站在那里。通往德黑兰市中心的路上被前来围观的人围了四五层，熙攘的人群甚至挤到了距车仅有几英尺远的位置。他们虽温和友好，却十分内敛。两三个持枪或携炸弹的亡命之徒就能轻易突破这松懈的守卫置我于非命。在前往使馆途中的一个路口，我们被堵了有三四分钟，围观的大批波斯人就这样惊奇地看着我们。倘若这是一场冒险的话，那现在这种既不准备让我们秘密抵达，又没有有效护卫队的安排确实可以称得上完美了。所幸我们一路风平浪静，没有意外发生。我向围观人群微笑致意，他们同样笑脸相迎。最终，我们如期抵达英国使馆，使馆周围有英印军队严密把守。

英国公使馆和使馆花园几乎与苏联大使馆相邻。英印部队负责我方安保工作，苏联使馆守卫军队伍更为庞大，他们负责苏联的保卫工作，这两支守卫队已经建立了直接联系。不久之后，双方就会联合防守，等一切战前准备工作就绪后，我们这里便成了一个隔离起来的安全地带。美国使馆位于我们一英里开外的地方，安保工作由美国守军负责。这就意味着会议期间，罗斯福总统或是斯大林和我每天都不得不在德黑兰狭窄的街道上往返两三次。当时，我们三人被视为世界"三巨头"，先于我们24小时抵达德黑兰的莫洛托夫告知我们，苏联秘密情报机构线报称，有人企图谋害我们三人。我们三人却不得不频繁往返于大街上，这让莫托洛夫感到极为不安，他说"如果遭遇不测，必将会使人悲痛万分"。莫洛托夫所言极是。他提议罗斯福总统即刻搬入苏联大使馆。苏联大使馆比其他使馆大两三倍，且处于苏联军方和警方的严密护卫之下。因此，我非常赞成他的这项提议，并同他一起劝说罗斯福总统接受这个好提议。次日下午，他同全体僚属，其中包括他游艇上的几位出色的菲律宾厨师，一道搬入了苏方早已准备妥当的宽敞舒适的住所。自那以后，我们三人便处于同一个严密的守卫圈中，讨论二战相关事宜时，不会再受到任何干扰。我在英国公使馆被照顾得妥帖周到，仅走几百码的路就能抵达在当时被视为世界中心的苏联"紫禁城"。当时，我的身体状况依旧极差，严重的风寒和喉疾使我在一段时间内甚至讲不出话来。可是，莫兰勋爵无微不至地照料我，为我准备着特效药剂喷雾。很显然，参加这次会议，我有太多话必须得说出口。多亏了他的照顾，我才有机会把这些话讲出来。

*　　*　　*

　　英国三军参谋长完全赞同我所坚持的战斗方针。然而，对我这一方针的多种误解却在这次会议上流传开来。在美国，有传言称，我极力阻挠横跨英吉利海峡作战的"霸王"行动。为了达到破坏这次行动的目的，我甚至不惜诱使盟国大规模入侵巴尔干半岛或在地中海东部发动一次大规模战役。虽然在前文我已经揭露并驳斥了许多这样的言论，但是我相信，在这里说明我真正寻求的道路，阐明我主要收获的成就，依旧有其价值。

日前正在精心筹备中的"霸王"行动，计划于 1944 年 5 月或 6 月正式展开，最迟也不会晚于 7 月。此次行动的参战部队及运送部队的船只依旧享有最高优先权。此外，正在意大利作战的庞大英美联军的补给工作必须到位，以便他们顺利拿下罗马，进而控制罗马北部的机场，这样一来，我们便可顺利实施空袭德国南部的计划。达成以上战果后，部队应暂缓向意大利战场深入推进，将战线保持在比萨—里米尼线以内。也就是说，我们的前线部队最好不要深入意大利半岛上的广阔地带。这是因为，倘若我们在那里遭受到敌军抵抗，或将吸引大批德国军队参与作战。而这将会使意大利人有机可乘，趁势反击，而我们也要被敌方前线的战事拖延良久。

此时，我们有这样一种计划，即部队以马赛和土伦为目标在法国南部里维埃拉一带登陆。随后，英美联军沿罗纳河河谷向北推进，以策应跨海峡作战的主攻部队。我并不反对这一计划。然而我更偏向于另一项方案，即利用伊斯特拉半岛和卢布尔雅那山峡，从意大利北部向维也纳右侧展开进攻。这项计划由罗斯福总统提议，深得我心。如下文所示，我极力敦促他执行此项计划。照此安排，倘若德军奋力抵抗，则势必会吸引大批在苏联前线或英吉利海峡作战的敌军前来支援；倘若德军并未反抗，我们就能以极小的代价解放大片有重要战略意义的地区。我确信，德军必然会奋起反抗，这样的结果，将为"霸王"行动的成功展开提供坚实保障。

我的第三个要求是，我们决不能忽视地中海东部战场。在不影响跨海峡作战的前提下，我们应不惜一切代价在地中海东部战场上投入兵力。在这些问题上，我坚持自己在两个月前向艾森豪威尔将军提出的兵力分配比例。那就是，十分之六的可用兵力用于意大利，十分之一用于科西嘉岛和亚得里亚海，另外十分之一则用于地中海东部战场。一年以来，我从未对这个问题做出丝毫让步。

英、苏、美三方一致同意，将我们目前全部可用兵力的十分之九投入到前两场主要战役中。我只需极力争取将剩余兵力投入地中海东部战场，使这十分之一的兵力得到有效利用。只有傻瓜才会争辩："将所有兵力集中在决定性战争上，放弃只会白白分散兵力的其他部署，难道不是更好吗？"这种言论忽视了战场上的关键问题。西半球全部可用船只，甚至其每一吨承重，不是被用在"霸王"行动的准备工作上，就是投入到了意大利前线的守卫之中。这项登陆计划所用兵力已经达到了有关港口和营地的最大限量，即便我们能够找到更多的船只，也无法有效利用了。我们并不需要再从其他战场额外调拨兵力，支援地中海东部战场。为守卫印度而集结的空军，倘若向前方边界线推进，在承担其原有责任之外，还可能发挥更大的作用。地中海东部战场的全部兵力也至多只有两三个师，这些部队都是早就驻扎在此的。该战场可用的船舶仅有当地的船只，根本无法在更大的战场使用。倘若能够充分有效地利用这支部队，他们就会成为力挫敌军的利器，而非无所事事的看客。现如今，我们有两个方案切实可行。方案一，攻占罗得岛，我方空军就能够控制整个爱琴海地区，同时能在海路与土耳其建立直接联系。方案二，我们能说服土耳其参加战争，退一步说，尽可能利用土耳其的中立地位，借用我们为其建造的机场。这样一来，无须攻下罗得岛，我们就能巩固在爱琴海地区的地位。

　　当然，土耳其的支持对我们来说意义非凡。倘若我们能获得土耳其的支持，无须从主要战场上调用任何军队、船只或飞机，仅凭潜艇和轻型海军部队就能控制黑海，从而对苏联形成强有力的援助。还能通过一条比北冰洋或波斯湾航路花费更少、航时更短且负载量更大的航线，将物资运给苏联军队。

　　我一有机会，就向罗斯福总统和斯大林强调这三个问题，并且坚定反复地陈述我的观点。我本可获得斯大林的支持，但罗斯福总统总被军事顾问们的偏见影响，在这场争论中举棋不定。结果，我们一次次错过军事良机，这些机会虽次要，却颇具获胜希望。我们固执的美国朋友还因此洋洋得意，他们想"无论如何我们没被丘吉尔卷入巴尔干半岛的烂摊子里去"。然而，我从未产生过任何类似的想法。我认为，即使没有采取这些措施便取得了最终胜利，但我们未能有效利用闲置兵力将土耳其拉入战事，并控制地中海地区，依旧是一个军事方针上的失误。

＊　　＊　　＊

罗斯福总统搬入位于苏联大使馆的新居后不久，斯大林便前去拜访，二人进行了一场友好的谈话。据《霍普金斯传》记载，罗斯福总统对斯大林说，他已同蒋介石达成协议，积极地在缅甸展开军事活动。斯大林则对中国军队的作战能力表示怀疑。罗斯福总统还"提到了他最喜欢的话题之一，对远东殖民地区人民的引导问题，主要是关于建立自治政府的手段……他提醒斯大林不要向丘吉尔提起印度问题，斯大林也认同，对丘吉尔来说这个话题无疑是沉重的。罗斯福说印度改革应始于底层民众，斯大林则说始于底层的改革实质上是一场革命。"那天早上，在他们进行这场谈话时，我正因为感冒躺在床上静养，处理了多封从伦敦发来的电报。

＊　　＊　　＊

11 月 28 日，即周日下午四时，第一次全体会议于苏联大使馆召开。会议室宽敞大气，我们围坐在一张大圆桌前。陪同我一起参会的有艾登、迪尔、三位参谋长和伊斯梅。罗斯福总统的陪同人员是哈里·霍普金斯、海军上将李海、海军上将金和两名其他军官。马歇尔将军和阿诺德将军并未出席，据《霍普金斯传》的作者说："他们记错了会议时间，到德黑兰郊外观光去了。"去年为我翻译的那位出色的译员伯尔斯少校，此次依旧担任我的俄语翻译。新译员波伦先生则为美方服务。陪同斯大林参会的为莫洛托夫和伏罗希洛夫元帅。我跟斯大林几乎面对面而坐。会前，我们协定，由罗斯福总统主持第一次会议，他也同意了这项提议。总统的开场致辞精妙得体，据记载，总统谈到，苏、英、美首次以家人身份同聚一堂，为了战争胜利的唯一目标携手同行。此次会议并未提前拟订严格的议程安排，人人都有机会对其感兴趣的内容畅所欲言，也可以对不感兴趣的内容避而不谈。在友好的基础上，每个人都可以无拘无束地发表意见，但此次会议的任何内容都不会公开。

在开场时，我也同样强调，此次会议意义重大。我提到，这届会议所聚集的全球力量之雄厚，在人类发展史上是空前的。缩短战时的可能、大获全胜的希望、人类的幸福和命运都牢牢掌握在我们手中，这点毋庸置疑。

斯大林说，他高度重视我们三大国的友谊，他希望我们能够利用好当前这个千载难逢的际遇。

罗斯福总统第一个发言，他站在美方立场上，简单介绍了当前的战争局势。他首先谈到了太平洋战场的情况：美国在太平洋战场上承担着主要责任，澳大利亚、新西兰、中国则加以协助。太平洋战场对美国意义重大。美国将其绝大部分的海军和近百万陆军都集中在了太平洋战场上。太平洋战场范围极广，一艘补给舰一年仅能在太平洋战场上往返三次。美方所采取的消耗战，到目前为止收效良好。很显然，日本的商用及军用船只的补给速度远远赶不上被击沉的速度。随后，罗斯福总统阐述了夺回缅甸北部的计划。此次行动的指挥由海军上将路易斯·蒙巴顿勋爵担任，英美军队将与中国军队通力合作完成此次战役。此外，我们还讨论了始于曼谷，以切断日本交通线为目标的水陆两栖作战计划。我们已经尽最大努力试图以最小的代价实现作战目标，然而，依旧需要极为庞大的参战部队。此次行动的目的在于使中国能够继续积极作战，打通滇缅公路，同时占据有利的战略位置——以确保德国战败后我们能以最快速度攻下日本。我们希望巩固在中国的战略基地，以便次年对东京发起进攻。

接下来，罗斯福总统又谈到了欧洲形势。为应对欧洲战局，英美两国曾举行过多次会议，制定了多个行动计划。一年半前，我们就曾

酝酿过横跨英吉利海峡作战的计划，但当时，因受到运输问题在内的各种困难影响，我们无法确定行动的准确时间，计划也就落空了。只有我们在英国集结大量兵力，才能完成跨海峡作战的实际登陆以及随后的内陆推进战。考虑到英吉利海峡恶劣的水域条件，我们在魁北克商定，远征行动开始时间必须定在 1944 年 5 月 1 日以后。他解释道，历次登陆行动中，登陆艇一向是最难解决的问题，倘若决定在地中海地区进行大规模远征行动的话，跨海峡作战计划只能放弃；而假如在地中海地区实施一次较小规模的行动，跨海峡作战则会被拖延一两个月甚至三个月。因此，罗斯福总统和我都希望能够在这次会议中听取斯大林元帅和伏罗希洛夫元帅的意见，以确定哪项行动对苏联帮助最大。为了增强在意大利、土耳其等国家及巴尔干半岛、爱琴海等地区的作战实力，我们所提出的计划相当多。而这次会议最关键的任务就是从中选出可供实施的计划，会议的主要目标则是倾英美联军之力减轻苏联的作战负担。

* * *

第二个发言的斯大林赞扬了美国在太平洋战场上所取得的成绩，但是他说苏联目前还无法参加对日战争，因为苏方几乎把全部军事力量都用来对抗德国了。苏联在远东的军事力量勉强够防御之需，若要主动进攻，则至少需要三倍以上的兵力。只有在德国全面溃败之后，苏联才能加入盟国在太平洋战场上的攻势，与友军并肩作战。

谈到欧洲局势时，斯大林先是简要介绍了苏联在一些实战中收获的经验。虽然，德国人已经预料到，苏联会在 7 月发动攻势。但是，苏联人发现，在参战部队充足、装备物资丰盈的情况下，发动进攻还是较为容易的。他坦言，他们并未预料到在 7 月、8 月及 9 月会打这么多场胜仗。事实证明，德军并没有人们想象得那么强大。

随后，他详细说明了苏联前线的最新情况。在部分战区，战事已趋于缓和；另一些战区，战火已经熄灭。然而在最近三周内，乌克兰、

基辅西部及南部战区的战争主动权却转移到了德国人手中。德军重新占领了日托米尔①，科罗斯坚也处于险境，而他们的目标是夺回基辅。虽说如此，苏联军队依旧掌握着战争全局的主动权。

关于英美军队怎样给予苏联最有效帮助的问题，他做出了如下回答。苏联政府坚持认为，意大利一战对盟国事业意义重大，经由此战可以打开地中海的通路。然而，横亘在德意两国间的阿尔卑斯山脉使得意大利并不适合作为进攻德国的过渡点。因此，完全没有必要为了进攻德国，而将大批军队集中在意大利。攻德一战，以土耳其为突破口要好过意大利，然而，它距离德国中心又太过遥远。他认为，法国北部或西北部是英美军队攻入德国的最佳选择。当然，德军也势必会在那里拼死抵抗。

＊　　＊　　＊

虽然老早就被邀请讲话，但目前为止我仍一言未发。现在我来陈述英方立场。

我说，很早之前我方就同美国商定，我们将跨越英吉利海峡进攻法国北部或西北部。为实施这一计划，我们需要开展大量准备工作，储备丰富的资源。一系列确凿的事实表明，这项计划无法在 1943 年实施。但我们下定决心，要在 1944 年完成这一目标。虽然 1943 年我们并未实施跨海峡作战，但是在这一年，我们在地中海地区打响了一系列战役。我们非常清楚，虽然这些战役并不具有决定性意义，但是，在当时的交通和资源状况下，这已经是我们能做出的最大努力了。英美政府决议，在 1944 年春末或夏季发起跨海峡作战行动。届时，我们将能集结三十五个师的兵力，包括约十六个英国师及十九个美国师。无论在数量上或是装备实力上，这些部队都远胜于德军。

---

①　日托米尔，乌克兰西北部日托米尔州首府。在第聂伯河右岸支流捷捷列夫河畔，东距基辅 165 公里。

这时，斯大林评论说，他从不认为地中海地区的战役是次要的。倘若不以进攻德国本土为作战目标的话，最关键的就要数这些战役了。

我回答说，尽管如此，罗斯福总统和我都把这些战役仅看作是至关重要的跨海峡战役的前奏。除了投入地中海及印度战场的英军，英国又拨出另外十六个师参加跨海峡作战，对于一个总人口为四千五百万的国家来说已然倾尽全力。这已经是在保证战斗力的前提下，所能允许的最大参战人数了。美方后备部队更为充足，因此，扩大战线和维持战争的任务就要落在美国头上了。然而，现在距离1944年春末夏初还有半年，罗斯福总统和我一直在思索，这六个月中，我们怎样才能保证，在不将"霸王"行动拖延一两个月的前提下，尽可能地利用地中海战场的现有资源，最大限度地减轻苏联的压力。七个英美精锐师及一定数量的登陆艇，要么已经到达英国，要么就是在从地中海战场转往英国的路上。而这在一定程度上削弱了意大利前线的战斗力。天公不作美，直到现在我们都无法攻下罗马，然而，我们预计最晚会在1月前拿下。艾森豪威尔将军手下的亚历山大将军，负责指挥第十五集团军在意大利的作战，他不仅想要攻占罗马，而且意图摧毁或重创十到十一个德国师。

我解释说，我们无意将部队深入意大利靴形国土的宽阔地带，更不会跨越阿尔卑斯山脉进攻德国。我们的总体计划如下：首先攻占罗马，占领其北部机场，这是我们轰炸德国南部的必备条件；随后，沿比萨—里米尼线布防；接下来，就要考虑建立第三战线，从而配合跨海峡作战，而非取代这一行动。计划一，部队进入法国南部；计划二由罗斯福总统提议，即部队从亚得里亚海顶部，沿东北方向向多瑙河推进。

在接下来的六个月中，我们应采取什么行动呢？我们有太多支援铁托的理由了，他所率部队有效牵制了许多德军精锐部队，对盟国事业所做的贡献远比米哈伊洛维奇所率的南斯拉夫祖国军大得多。倘若我们向铁托提供物资，并开展游击战，一定会受益颇丰。巴尔干半岛战场是我们能将敌人兵力拉得最远的战区之一。这时，最大的问题出现了：怎样促使土耳其参战，从而打通穿过爱琴海至达达尼尔海峡然后到达黑海的交通线，军事人员必须仔细考虑并想办法解决这一问题。一旦土耳其参战，并且允许我们使用其空军基地的话，我们便能够以相对较少的兵力（两三个师），配合驻扎于此的空军，攻占爱琴海上的岛屿。倘若黑海港口可以为我们所用，护航队便可以自由往返。目前，我们仅能将四支护航队用在北部航线上，因为"霸王"行动需要庞大的舰队做支撑。但是，一旦我们打通了达达尼尔海峡，目前位于地中海地区的护航舰就可以源源不断地向苏联的黑海港口补给物资。

我们该如何说服土耳其参战？它参战后，我们又希望它采取怎样的行动？仅仅为我们提供空军基地，或是攻击保加利亚并向德国宣战？它应当继续向前推进，还是在色雷斯边境上按兵不动？早些年间，苏联曾从土耳其手中解放了保加利亚，土耳其参战又将对欠着苏联人情的保加利亚产生怎样的影响？已经做出了和平试探，准备接受无条件投降的罗马尼亚会作何反应？此外，匈牙利又会选择怎样的道路？这些法西斯附庸国政治立场的变动，将会激励希腊人奋起反抗，将其国内德军驱逐出境。对于以上所有问题，苏联都有其特有的视角和独到的见解。这些见地对我们来说是无价之宝，倘若能够加以了解便再好不过了。假使为了我们在地中海东部战场的行动，而将原定于 5 月 1 日开始的"霸王"行动推迟一两个月，苏联政府又能否继续予以支持？在苏联政府发表意见之前，英美政府都不会就此问题做出最终决断。

这时，罗斯福总统提醒我谈谈下一步作战计划，即部队向亚得里亚海北部推进，随后转向东北进攻多瑙河一带的行动方案。他的提议正合我心，于是我接着说道，一旦我们攻下罗马，且瓦解位于意大利狭长地带、亚平宁山脉以南的德军有生力量后，英美部队便可以纵深推进，密切跟进敌军。这样一来，我们便能用极少的兵力有效防守我方战线，且掌握追击敌人残部的主动权。随后，要么进攻法国南部敌军，要么按照总统的计划，从亚得里亚海最北部向东北进军。我们尚未商定以上计划的细节，但是，倘若斯大林能对此表示支持，我们便会成立一个专门小组委员会，来研究作战策略、收集准确资料，并向大会进行汇报。

至此，整场讨论已经到了关键时刻。会议记录如下：

斯大林元帅向首相提出了以下问题：

问：根据我的理解，将由三十五个师承担进攻法国的责任，我的理解是否有误？

答：没错，并且这些都是精锐部队。

问：你们计划让现在驻于意大利的部队执行此次行动任务吗？

答：并非如此。我们将从意大利和北非战场撤回七个师参加"霸王"行动，这些部队有些早已抵英，有些还在撤退途中。你第一个问题所提到的三十五个师之中，就有这七个师。这些部队完全撤回以后，地中海战场上还将留有二十二个师，以进攻意大利或是参加其他战事。其中一部分部队可以参加进攻法国南部的行动，或是从亚得里亚海北部向多瑙河进军。这两个行动都会在时间上配合"霸王"行动。除此之外，再留出两三个师攻占爱琴海上的诸个岛屿也并不是什么难事。

* 　 * 　 *

接下来，我解释说，除了上面提到的七个师以外，迫于航运所限，我们绝不可能再从地中海战区另外抽调兵力到英国了。三十五个英美师将会集结于英国参加"霸王"行动的首次突击战。此后，英国所能向法国北部战场所派遣的兵力，便只剩十六个师了。然而，美国将会持续抽调兵力，直到进攻法国北部的远征军团达到五六十个师。假如将通讯部队、军直属部队和高射炮部队全部计算在内的话，英美部队平均每个师都将有四万人之多。此时，英国境内的空军部队已然数量可观，在接下来的六个月中，美国空军更是会将空军兵力增加一倍甚至两倍。因此，英国集结的强大空军力量可以轻松攻入敌军阵营。我们正在按照原定计划部署全部作战部队和武器装备，倘若苏联当局需要的话，我们可以尽数展示这些安排。

斯大林向我问起进攻法国南部的作战计划。我回答，目前我们尚未对这项行动做出详细安排。但我们初步计划，这项行动将全力配合"霸王"行动或与"霸王"行动同时展开。当前驻于意大利战场的部队将会是此次行动的先头部队。我又补充说，我们也有必要分析一下罗斯福总统所提议的，从亚得里亚海最北部向东北进军的方案。

接下来，斯大林又问，倘若土耳其参战，英美将拨出多少兵力支援？

我回答说，我们最多只需要两三个师，便可以攻下爱琴海诸岛。除此之外，在不影响其他行动的前提下，我们或许还会派遣约二十个空军中队和若干高射炮团至土耳其，以供其自卫防守之需。以上所言仅代表我的个人意见。

斯大林认为，我们不应将部分军队派遣到土耳其或其他地方，再把另一部分军队派往法国南部。我们最好把"霸王"行动作为 1944 年的中心任务。法国是德国前线防守最为薄弱的地区，我方一旦攻占罗马，便最好将意大利全部可用兵力调往法国南部，在行动打响后，这部分兵力便可全力配合"霸王"行动展开。

我问他，苏联政府是否并不急于敦促土耳其参战？我们曾经试过劝说土耳其加入战争，但是最终失败了。苏方是否并不打算让我们再试一试？

斯大林回答说，我完全支持再试一次，必要的话，就算掐着土耳其的脖子也要逼其参战。

我接着说，我也完全赞成斯大林元帅的观点，即不应分散兵力。然而，我之前所提建议并非是要分散兵力，而是充分利用一小部分兵力，譬如两三个师，建立与土耳其的直接联系。并且，我所提到的空军部队，早已驻守在埃及，此次战役要做的仅仅是将他们的战线向前推进。因此，我的计划丝毫不会分散意大利前线或"霸王"行动的兵力。

斯大林认为，倘若仅用三四个师的兵力就能拿下这些岛屿，那这是一笔划算的买卖。

我坦言，我格外忧虑的一点是，从攻占罗马到"霸王"行动期间的六个月，战事或将停滞。我们应时刻不停地打击敌人，即使我所提议的行动仅处于次要地位，我们也需审慎考虑这些计划。

斯大林再次强调，"霸王"行动是一项极为重要的任务，进攻法国南部对实施这项行动帮助很大。他甚至主张在意大利战场转攻为守，并暂缓攻占罗马的行动，以调出十个师左右的兵力进攻法国南部，这样一来，两个月后我们便能实施"霸王"行动。随后，这两股进攻部队便可顺利会师。

我回答说，即使我们停止攻击罗马，也无法提升我们的作战能力。但是，一旦我们能够成功下罗马，摧毁或重创十到十一个德国师，我们在战争中将掌握主动权。此外，轰炸德国的行动将会用到罗马北部的机场，所以我们绝不可能放弃攻占罗马的行动。倘若放弃，各方面都会将之视为一场惨败，英国议会绝不会容忍这种想法。

＊　　　＊　　　＊

随即，罗斯福总统提议，审慎考虑各个行动的时间安排。我们在地中海战场采取任何活动，都有可能使"霸王"行动被推迟到 6 月或 7 月。倘若有可能的话，他本人非常不希望拖延行动时间。因此，他提议军事专家仔细分析斯大林提出的建议，即在"霸王"行动实施的两个月前，向法国南部发起进攻。一切安排的重中之重便是确保"霸王"行动按期举行。

斯大林说，从过去两年的战争中，苏联总结出一条经验，仅从一个方向进行的大规模进攻，很难取得成果。最好是从两个以上的方向同时发起攻势，这样一来，敌人便会被迫分散兵力，这时，倘若我们的进攻部队相隔不远，便可以趁机取得联系，并可全面提升我方防守能力。他认为，这条经验在当前的讨论中很是适用。

大体来看，我并不反对这些观点。我说，我所提出的向南斯拉夫和土耳其提供少量援助的计划，丝毫不会和总体安排相冲突。同时，我希望将我所说的以下内容记录在案，那便是，无论如何我都不会同意，仅仅为了确保"霸王"行动在 5 月 1 日当天展开，便要叫停二十个英国师或是英方指挥的师在地中海地区的军事活动。倘若土耳其拒绝参战，那这一切便会徒劳无功。我诚挚希望，自己无须被迫同意种种类似于罗斯福总统所提的严格的时间安排。与会成员能否同意暂时休会，仔细考虑下当前所讨论到的种种问题，并在明天继续我们的讨论？罗斯福总统表示赞同，并建议各位参谋长于明早开始工作。

随后，斯大林表示，他先前并没料想到我们会在会议上讨论军事问题，所以也就没有带军事专家前来参会。不过，伏罗希洛夫元帅表示，会尽其所能地建言献策。

我问他们打算如何讨论土耳其问题。这不仅是个军事问题，还是个政治问题。我们在会上应当探讨以下问题：

1. 我们希望土耳其采取什么行动？

2. 我们能为土耳其提供什么好处，以促使其参战？

3. 提供这些好处会给我们带来何种影响？

斯大林对此表示赞同。土耳其是英国的同盟国，并一直同美国保持友好往来。英美双方有责任敦促土耳其采取适当行动。当我提到，假如土耳其拒绝苏联邀约，未加入战胜国阵营，同时又丧失英方支持，那实在是太愚蠢了。斯大林附和道，总有许多人心甘情愿做傻事，所有的中立国都认为，如果能置身事外的话，又何必犯傻参战呢？

在为此次会议作总结时，我说道，虽然我们各方友谊深厚，但我们必须承认，各方尚未就所有问题达成一致，我们所需要的是时间和耐心。

至此，我们的第一次会谈就这样结束了。

THREE

德黑兰：会议与会谈

波兰及其边界——罗斯福提出"四个警察"计划——第二次全体会议——我方陈述英国关于"霸王"行动及意大利战场的意见——怎样说服土耳其参战——保加利亚的立场——争论横渡英吉利海峡的日期——土耳其问题——斯大林直接问我关于"霸王"战役的相关问题——声明反对集体枪杀德国人

正式会议间隙，罗斯福、斯大林和我常常会在享用午宴或晚宴时展开讨论。这些谈话内容可能比正式会议更为重要。在这些场合，大家心情愉悦，几乎无话不谈，也什么都听得进去。11月28日，星期日晚上，罗斯福总统设宴招待。我们一行人，包括译员在内大概有十人或十一人，一道参加了这场晚宴。宴会开始后不久，我们越谈越广，气氛也渐渐严肃起来了。

这天是德黑兰会议的首日，当晚，晚宴结束后，我们在室内散步。我将斯大林请到沙发旁，提议聊会儿天，谈谈战争结束后会发生的情况。斯大林同意了，我们便坐了下来。这时，艾登也加入了我们的讨论。斯大林元帅说："那我们先来想想战后最坏的情况是什么吧。"他认为，战后，德国极有可能恢复元气，过不了多久便会卷土重来，再次发起战争。斯大林担心的是德国民族主义复辟。回望过去，凡尔赛会议后，世界和平似是有了保证。然而，德国很快便从上次大战的失利中恢复。他确信，此次德国也将很快东山再起。所以我们必须吸取教训，在战后建立起一个强有力的机构，以防止德国再度发动战争。我问道："德国多久便能恢复元气？"他回答说："十五到二十年以内。"我接着说道，我们必须要保证战后这样的和平局势能至少维持五

十年。倘若只有十五到二十年的和平时光，我们又怎么对得起奋死拼杀的将士？

德意志民族精明强干、勤勉踏实、足智多谋。战后，德国必然很快就能复原。斯大林认为，我们应该考虑限制德国的生产能力。我答道，那必须采取一些控制措施。如果让我决定，我将会禁止德国发展一切民用及军用航空工业，并禁止其设立总参谋部。听到这儿，斯大林问道："照这样说，是不是还要关闭德国所有的钟表厂和家具厂，以防止他们在这些地方制造炮弹零件？要知道，德国有几十万人是靠他们造出来的玩具枪学会射击的。"

我答道："没有任何事是一劳永逸的，世界在不断向前发展。现如今，我们已明白了许多道理。我们的责任是至少保证五十年内，世界和平安稳。若要实现这一目标，便需要解散德国军队、禁止德军重组、监管德国工厂、禁止其发展一切航空工业。还有一点将带来深远影响，即对德国实施领土改革。问题的关键在于，英美苏三方能否为了共同利益一同监管德国，长久保持友好亲密的关系。一旦发现危险的苗头，我们便应即刻下达指令。"

"上次大战后，也实施过管制，却最终失败了。"斯大林说道。

我答道："当时，我们经验不足。同此次战争不同，上次战争算不上是民族战争。战后的和平会议苏联也未曾参加。此次情形则大不相同了。"我觉得，我们应当孤立普鲁士，削弱其实力。而巴伐利亚、奥地利和匈牙利或许可以合作，成立一个合作广泛、坚持和平、不具侵略性的联盟。我认为，相较于德意志帝国的其他成员，我们应对普鲁士更为严苛。这样一来，其他成员便不会被普鲁士影响，从而倾己之力与其同流合污。但是，我们必须清楚，这些都只是我在战争进行时的观点。

斯大林评论道："你说得对极了，但是仅这样还不够。"

我接着说，苏联需要保持其陆军优势，英美两国则要坚持发展海空军事力量。除此之外，三方都应努力发展其他方面的优势。我们三国必须保持强大的军事实力，无论在何种情形下都决不裁军。"我们是

世界和平的保障。倘若我们败下阵来，世界或将陷入百年的混乱与争斗之中。只有我们强大起来，才能承担保卫世界的责任。除了维护和平，我们能做的事还有很多，"我继续说道，"我们三国应引领世界发展的方向。这并不意味着干涉他国内政，我仅仅在呼吁自由，呼吁让每个国家都享有自主发展的权利。为了世界各国人民都能安居乐业，我们三国必须始终保持良好的伙伴关系。"

这时，斯大林又问战后应该如何处置德国。

我回答说，德国的普通劳动者无罪，我反对的仅仅是德国的领导者们，还有他们危险的同盟。斯大林说，德国军队中也有奉命打仗的劳动者们。他问那些来自德国劳工阶级的战俘，为何为希特勒流血牺牲，他们回答说，只是在执行命令。

＊　　　＊　　　＊

我提议讨论一下波兰问题。斯大林同意了，并请我先说。我提到，我们曾经甚至为了波兰宣战，由此可见，波兰对我们至关重要。换句话说，没有任何事比苏联西部边界的安全更重要。然而，我从未针对边界问题许下任何承诺。我一直希望能和苏方坦诚交流这一问题。倘若斯大林元帅愿意告诉我们他的想法，我们就能探讨这一问题并就某些方面达成一致。此外，元帅最好能告诉我，对于保卫苏联西部边界来说，什么是至关重要的。1944 年，这场欧洲的战事便可能结束，战后，苏联必将极为强盛。苏联在做出任何有关波兰的决定时，都肩负着重大责任。我个人看来，就像士兵挪两步"向左靠拢"一样，波兰或许也可以向西挪两步。若是因此踏上了德国领土，那也是没办法的事。波兰必须成为一个强国。倘若将整个欧洲比作管弦乐队，波兰必定是其中不可或缺的乐器。

斯大林说，波兰人民有自己的文化和语言，这些必须要保存下来，不能被消灭。

我问道："我们是否要尝试重划边界线？"

"没错。"

"议会并未赋予我划定边界线的权力，我想，罗斯福总统也是一样。可如今，如果三国政府首脑达成一致，我们或许可以在德黑兰构想出针对此问题的方针政策。并向波兰人建言献策，使其接受我们的建议。"

我们一致同意认真考虑上述问题。斯大林问，波兰方面是否不必参与讨论。我回答说，"是的"。待到我们初步取得非正式意见后，再向波兰方面征询意见。这时艾登先生插话道，当天下午斯大林表示，波兰可以向西扩展至奥得河一线，他听后大为震惊，备受鼓舞。从这些话里他看到了希望。斯大林问道，我们是不是认为他想吞并波兰。艾登答，他并不清楚苏联胃口有多大，又能消化多少。斯大林反驳道，虽然想从德国那里拿点好处，但除此之外，苏联人并不觊觎他人的东西。艾登说，波兰东部的损失可能会在其西部补回来。斯大林回答，或许是吧，但波兰会发生什么他也并不清楚。随后，我借用三根火柴，展示了我想象中的波兰向西扩展的情景。斯大林看后很是高兴，就是在这样的氛围中，我们几人暂时作别。

* * *

29 日，整个上午，英美苏三方军事首脑一直在开会。据我了解，斯大林和罗斯福曾私下举行过会谈。自然，他们俩现在还一同待在苏联大使馆内。我邀请罗斯福总统在下午的第二次全体会议前共进午餐。可是，罗斯福总统婉拒了，他让哈里曼向我传话，解释道，罗斯福总统不想让斯大林知道，我在和他私下会谈。听到以后我很是惊讶。在我看来，我们三人理应彼此信任。午餐过后，罗斯福与斯大林和莫洛托夫再次会面。这次，他们谈到了许多重要问题，尤其是罗斯福先生关于成立战后世界政府的计划。这一计划的实施者为"四个警察"，即苏联、美国、英国和中国。斯大林并不赞成这一计划，他认为，欧洲各个小国并不会支持这四位警察。他认为，战后，中国很难成为世界大国之一，即便成为强国，欧洲各国也并不会希望中国对他们发号施令。在这点上，这位苏联领导者要比罗斯福总统更有远见，判断得也更为准确。斯大林提出另一种方案，即设立一个欧洲委员会，成员包括英国、苏联、美国，或可再加一个欧洲国家；再另外设立一个远东委员会。我曾提议过设立三个区域委员会，包括欧洲的、远东的还有美国的。罗斯福总统说，斯大林的提议和我的这个建议有些相似。然而，总统似乎漏掉了一点，我还曾提议设立联合国家最高委员会，以总领三个区域委员会。当时，我对他们的谈话并不知情。很久以后，我得知了这些内容时，纠正总统这一错误为时已晚。

* * *

德黑兰会议的第二次全体会议定于下午四时举行。英王陛下特意为纪念斯大林格勒杰出的防守战役而设计制造了一把荣誉宝剑，会前，我奉陛下之命，将此剑赠予苏联。屋外宽敞的大厅里熙熙攘攘地挤满了前来围观的苏联将士。我简单说明了几句，便郑重地将这把精美的宝剑交给了斯大林元帅，他把此剑高高举起，亲吻剑锋，姿势令人动容。随后，他把剑递给了伏罗希洛夫。伏罗希洛夫把剑安放妥当。苏联仪仗队护送宝剑出屋，整个过程庄严肃穆。队伍走后，我注意到，罗斯福总统坐在屋内的角落里，显然是被赠予荣誉宝剑的仪式打动了。仪式过后，我们一同来到了会议厅，围桌而坐。所有的参谋长都出席了此次会议。此时，将由他们来报告上午会谈的成果。

英国总参谋长说，研究了多项行动计划后，他们认识到，如果从现在到"霸王"行动开始前的这段时间内，我们无法在地中海战场取得进展的话，德军便有能力从意大利调兵至苏联或是法国北部。关于在这期间采取什么行动，他们曾考虑：一、意大利半岛的前线部队向前推进，直指靴形国土的北部；二、援助南斯拉夫游击队，将德军牵制在巴尔干半岛；三、劝服土耳其参战；四、在法国南部登陆，以策应"霸王"行动。波特尔复查了我方轰炸攻势；马歇尔则检查了美国军队在英国的集结情况。

马歇尔将军说道，在欧洲战场上，西方同盟国兵力充足、物资供应良好。然而，船只和登陆艇却是个问题，也没有距离行动地点足够近的机场供战斗机使用。登陆艇数量尤为不足，其中最为紧缺的便是单艘运载量为四十辆坦克的坦克登陆艇。单就"霸王"行动而言，部队的调度及物资的运输工作都正按预定计划有条不紊地进行。登陆艇短缺，几乎是盟国当前所有问题的变数和不确定因素。英美两国已经在赶工制造登陆艇，这一举动有两个目的：一是扩大"霸王"行动首次战役的规模；二是使我们在地中海战场上能够顺利实施合理的行动计划。

* * *

随后，斯大林提出了关键问题——"谁将指挥'霸王'行动?"罗斯福总统回答说，尚未确定人选。听到这一回答，斯大林坦率地说，如果不选派一位指挥官负责"霸王"行动的全部准备工作，那行动必将失败。罗斯福辩解道，这些工作早已另有安排。英美两国很久前组建了一个英美联合参谋部，由英国的摩根将军负责指挥，一直致力于"霸王"行动的筹备工作。事实上，除了最高统帅的人选问题，其他一切事项皆已确定。斯大林坚持说，应该马上指派一位最高统帅，不仅要负责"霸王"行动的筹备工作，也要负责指挥行动的实施。否则很可能出现这样的情况——尽管摩根将军以为一切已准备就绪，而新任命的最高统帅却与之意见相左，想重新部署安排。

我回应说，几个月前，联合参谋长委员会委任摩根将军担任待指定的最高统帅的总参谋长，罗斯福总统和我本人都已批准。英国政府表示，由于美国将负责组织"霸王"行动的参战部队，且大部分参战部队均由美方派出，他们很乐意由美方人员担任行动最高统帅。然而，相比较来看，地中海战场上，英国军队则居于主导地位。不仅几乎全部的海军部队都由英国派出，陆上兵力也多为英方部队。这样一来，这一战场的指挥官或应由英国军官担任。在我看来，最高统帅的人选应由三国首脑讨论决定而不是在某场较为大型的会议上定夺。斯大林说，苏联政府仅仅想知道人选是谁，并不要求参与这位最高统帅的任命。这位最高统帅不仅需要负责计划的筹备工作，也要指挥实施"霸王"行动。尽早确定这位最高统帅的人选极为重要。我认同他的观点，"霸王"行动指挥官的人选的确是当前最为紧急的要务之一。我说最迟将在两个星期内确定。

＊　　　＊　　　＊

随后，我陈述了英方立场。我谈到，我们当前面临着诸多复杂难解的问题。这不免让我有几分忧心。这次会议所讨论的问题，关系着约十二到十四亿人民的命运，唯有做出正确的决议才能保证他们的安全。因此，彻底解决当前所面临的大量军事、政治、道德问题势在必行。此外，我提出了一些细节问题，这些问题或可由一个军事小组委员会研究定夺。

第一，已在地中海地区集结完毕的大批兵力，该如何援助"霸王"行动？具体看来，尤其值得注意的是，驻扎在意大利的部队将对法国南部发起多大规模的行动？罗斯福总统和斯大林都曾提到这一计划。然而，却尚未有人充分研究这一行动的具体细节，也就没人能对此行动下最终定论。斯大林强调，钳形攻势具有重要意义，这自然没错。可是，很明显，若用一小股兵力实施钳形攻势，在大部队赶来战场前，这小批部队便已溃不成军。就我个人而言，我认为地中海战场上应保留一批登陆艇，至少能保证有两个师的运载量。凭借这批登陆艇，我们便可采用海上包围战术，协助前线部队从意大利中部向北推进。这样一来，就不必再费时费力地进行正面攻势了。不仅如此，若土耳其参战，这批登陆艇还可帮我们攻下罗得岛，打开爱琴海地区的通路。此外，有了这批登陆艇，五六个月后，我们便可配合"霸王"行动，向法国南部发起进攻。

毋庸置疑，上述所有行动都需要谨慎研究，选取作战时机。如果将我所提到的各个要点加以实施，这些行动便极有可能获胜。然而，从另一方面看，倘若要保证在地中海战场上留有能足够运输两个师的登陆艇，要么必须将"霸王"行动推后六到八周，要么则必须将调至远东战场用于抗日作战的战斗艇和船只调遣回国。这样一来，我们便取舍两难，需要权衡各个行动的轻重缓急。我表示，斯大林元帅和伏罗希洛夫将军战绩斐然，英国盟友对他们二人感到由衷的钦佩和尊敬，若二位能就上述问题提出建议便再好不过了。

第二，南斯拉夫及达尔马提亚海岸的问题也极为重要。至少有二十一个德国师被当地游击队牵制在巴尔干地区，还有九个保加利亚师驻扎在希腊和南斯拉夫。算下来，英勇的游击队员所牵制的敌军有生力量多达三十个师。托游击队员的福，巴尔干战场无疑成了我们最能分散敌军兵力的战场之一。同时，在一场场艰苦的大战来临之前，我们的作战压力也得以减轻。在巴尔干战场，我们并不求取得什么丰硕战绩，只要能牢牢牵制住敌军这三十个师便满足了。莫洛托夫先生、艾登先生、罗斯福总统也可各派出一名代表，三人召开会谈，共同商讨所有尚待解决的政治问题，并向大会提出建议。譬如，在实施我们这些提议时，我们的苏联朋友和盟国是否面临政治层面的困难？如果确有困难，那具体来说是怎样的问题呢？我们必将同他们一道合力解决难题。从军事层面来看，我们并不需要在巴尔干地区投入大量兵力，对当地游击队员给予物资及装备援助，再配合他们开展一些突击行动便够了。

第三，土耳其问题。这也是最后一个问题。作为土耳其的同盟国，英国接受委托，不论是循循善诱，还是威逼利诱，都要在圣诞节前劝服土耳其参战。此时，若是罗斯福总统愿临危受命，英国政府一定非常乐意将这件差事交给他。我时刻准备代表英国政府承诺：英国将不遗余力地促使土耳其参战。从军事角度来看，土耳其若是参战，盟国至多派出两三个师的兵力便足矣。

随后我问苏联政府对于保加利亚有何看法。若是土耳其参战，与

德国相对立，保加利亚要与土耳其为敌，苏联马上便会与保加利亚兵戈相见。苏联政府是否已做好准备将上述事实告知保加利亚？我提议，莫洛托夫、艾登和罗斯福总统各派出一名代表会谈，或可讨论出劝服土耳其参战的良策并上报大会。此事若能成行，必将对德国造成巨大打击。此外，保加利亚实力将被削弱，而黔驴技穷的罗马尼亚，早已想方设法准备无条件投降，匈牙利也将遭受重创。我所提议的在地中海地区实施的各项行动，其目的都在于减轻苏联作战压力，尽可能为"霸王"行动创造良机。

* * *

我讲了十分钟左右。讲完后，一时无人发言。过了一会儿，斯大林说道："若土耳其参战，保加利亚威胁到了土耳其安危，苏联政府将考虑向保加利亚宣战。"听到他这样承诺，我深表谢意并询问是否可以将此话转述给土耳其。斯大林说他完全没意见。之后，斯大林开始就巴尔干半岛问题发表意见。他说，他的看法与我大致相同，完全赞同向游击队员提供援助。然而，他坦承，照苏联人的思考方式来看，劝服土耳其参战、支援南斯拉夫、攻占罗马等问题都相对比较次要。若会议旨在讨论军事要务，"霸王"行动则最为关键。

如果照英方提议，建立一个军事委员会，则必须向其发出清晰指令，明确安排委员会各项任务。现在，正在全力对抗德国的苏联人正是需要帮助的时候，急需支援。对苏联来说，最好的支援莫过于"霸王"行动，行动尽早实施，攻势越强越好。当前面临着三个主要问题：一、行动日期。应定在 5 月份，切勿拖延。二、应在法国南部登陆以支援"霸王"行动。时间最好定在"霸王"行动开始前两到三个月；若无法实现，与"霸王"行动同时展开也可；实在不行，稍稍晚于"霸王"行动亦能发挥其作用。作为"霸王"行动的支援，向法国南部进军必将有利于"霸王"行动的顺利实施。然而，诸如攻占罗马等地中海战场上的行动，并不应该太过费心。三、任命"霸王"行动的总指挥官刻不容缓。斯大林表示，他希望会议结束前，最晚在会议结束后一周内，这一问题能得到解决。若无一位最高统帅，便无法顺利实施"霸王"行动的各项准备工作。英美政府自是有责任决定人选，苏联政府则很希望知道谁将担此大任。

＊　　　＊　　　＊

罗斯福总统认为"霸王"行动意义重大，这点我们都认同。我们只是对行动日期看法不一。若要在5月实施"霸王"行动，势必会影响到地中海战场，该战场至少要有一场行动会被推迟。若将登陆艇及其他设备留在地中海战场，"霸王"行动便只能推迟到6月或7月。显而易见，"霸王"行动延期必将招致风险。若我们在地中海东部战场发起远征行动，即便仅需要两三个师的兵力，然而，随着行动规模不断扩大，终将可能会需要调遣大部队来支援。若此类情况发生，即便再往后拖延"霸王"行动，都不一定能顺利实施。

随后，罗斯福先生谈到了我所提到的被牵制在巴尔干半岛的德国和保加利亚三十个师的情况。他提议，我们应派遣突击队员协助当地游击队牵制敌军。将敌军牵制在巴尔干半岛地区，限制他们的活动范围，这一点极为关键。无疑，大家一致同意，在不影响"霸王"行动顺利开展的前提下，应对铁托予以支援。

斯大林说，据他所获情报，德军在南斯拉夫驻有八个师，希腊五个师，保加利亚三个师，法国则有二十五个师。此外，不管理由为何，若要将"霸王"行动延期至5月以后，他是不会同意的。

我坦言，我并不能作出斯大林所要求的承诺。虽则如此，我认为，到目前为止，我们各方所表达的观点并没有根本上的分歧。我愿倾尽英国政府的一切力量，尽可能促使"霸王"行动早日开始。可是，仅仅为了能提前一个月左右开展"霸王"行动，便要搁置地中海战场的一切行动，牺牲地中海地区的一切作战良机，这样的安排我实在难以苟同。英国在地中海战场投入了大量兵力，"霸王"行动的这六个月

左右的时间，不能让我们的官兵原地待命。这些英国军队应同美国朋友一道，全力抗敌。我坚信，英美军队必将在意大利战场上力挫德军，向罗马北部推进，将数量可观的德国军队牵制在意大利前线。若是在这将近六个月的时间内，英国军队在意大利战场毫无作为，这不仅是对我方兵力的极大浪费，我们还要因苏联几乎独自承担了所有陆上战役的压力而备受诟病。

斯大林表示，他从未要求过整个冬季都停止在意大利战场的一切行动。

我解释说，若地中海地区的登陆艇被调走，势必会影响到我方在该战场的行动，一些行动将不得不被取消。我提醒斯大林，"霸王"行动若想获胜，必须要具备三个前提条件：一、德国在欧洲西北部空中实力强劲，从现在到攻势开始前，我们必须想办法削弱该战场的德国战斗机实力，直到盟国可以应对。二、行动开始前，德国驻于法国及低地国家的精锐机动部队不能超过十二个师。三、行动开始前六天，要保证德国无法从其他战场上调来十五个师以上的精锐部队。若要实现这三个条件，我们就要将尽可能多的德国兵力牵制在意大利以及南斯拉夫。土耳其若是参战，自是颇有助益，但这算不上是"霸王"行动顺利实施的必要条件。现如今驻扎在意大利的德军，大多调自法国战场。这就意味着，若我们放松意大利战场的攻势，这批部队将重回法国。而今，意大利是我们唯一能与德军正面交锋的战场，我们必须在此战场上牢牢牵制住德军。只有在冬季，我们坚持在意大利战场上保持强劲攻势，才是实现这些前提条件的最佳保障，为"霸王"行动的顺利实施奠基。

斯大林问，若是德国在法国有十三四个机动师，并且其他战场上更是有十五个以上机动师，又该如何？难道会因此叫停"霸王"行动吗？

"不，绝不会。"我坚定地答道。

*　　*　　*

接着，我又把话题转到了土耳其问题上。我们一致同意，敦促土耳其在今年年底前参战。若我们如愿以偿，我们只需借用土耳其的安纳托利亚机场，将我方飞机安置在此，并攻占罗得岛。这场必要的军事行动，仅需一个突击师，再加上一些守卫部队便足以完成。一旦拿下罗得岛且占领土耳其空军基地，不必太费心力，我们便可断绝敌军在爱琴海地区的物资供应，轻而易举地拿下爱琴海地区的其他岛屿。实施这些行动并不会为我们带来多大的负担，也无须担心会带来诸多后续影响。相反，这几乎算得上是一劳永逸的差事。然而，若是不尽如人意，土耳其拒绝参战，德国人便会松口气了。土耳其问题还会带来如下影响：若是土耳其参战，我们攻下罗得岛，并逐步驱逐出爱琴海诸岛上的德军，我方在埃及的部队和空军便可不再像现在这样被动守卫，而是可以主动出击，向北部发起攻势。

我们必须高度重视土耳其问题。正如罗斯福总统和马歇尔将军曾说过的，是否有可用登陆艇、是否能将部队输送过海，这两点影响着我们各项行动的规模、性质及行动时机。我表示随时可以与各位深入长谈以上问题，研究种种细节。然而，若地中海战场所需的那小部分登陆艇不能留在该地，或是无法从其他战场调登陆艇来此战场支援，那么无论多大规模的战役，都将无法在地中海战场顺利实施，其中就包括攻击法国南部的计划。下结论前，各位必须审慎考虑以上种种问题的轻重缓急。我向斯大林表示，我认同他所提出的这一观点，即应当为军事技术委员会指定明确的工作方针。我提议英美苏三国政府首脑分头拟订工作方针的具体内容。

斯大林说，他反复考虑过后，认为我们并不需要专门成立一个军事委员会，做决定时也不必研究种种细枝末节。当前，迫切需要解决的问题包括："霸王"行动的开始时间、最高统帅的人选，以及是否能在法国南部发起战役配合"霸王"行动。这些问题都应在全体会议上做出决断。他认为，设立外长委员会也同样作用不大。花时间任命这些委员会只会拖延德黑兰会议的时间。他本人在12月1日便要离开德黑兰，最迟也不能超过12月2日。

罗斯福总统提出，若是决定设立军事委员会并展开工作，他已经为委员会所要研究的问题草拟了几项方针。这些内容可用两句话概括：一、三国参谋长委员会必须坚持"霸王"行动是1944年最为关键的战略任务。二、委员会应审慎研究安排其他辅助性战略行动，但必须要考虑到这些行动是否会影响到"霸王"行动的开始时间。

斯大林说，出于需要采取相应行动以配合"霸王"行动的考量，苏联政府极为关心"霸王"行动将于何时举行。罗斯福总统答道，早在魁北克会议上，"霸王"行动的开始日期便已基本敲定，只是在那之后，战事又发生了许多重大变化，所以我们必须要对计划做出相应调整。

散会前，圆桌对面的斯大林望着我，问道："恕我直言，我想向首相请教一个有关于'霸王'行动的问题。首相及各位英国官员真的对'霸王'行动有把握吗？"我回答道："若在行动开始前，我先前所提到的各项条件都能准备就绪，我们必将全力以赴，横跨海峡抗击德军，这是我们应尽的义务。"说罢，这次会议便结束了。

*　　　*　　　*

会后，斯大林邀请我们共赴晚宴。收到邀约的人极少，赴宴者有斯大林和莫洛托夫、罗斯福总统、霍普金斯、哈里曼、克拉克·克尔、我和艾登以及译员。会上，大家倾尽心力，现在，面对美酒佳肴，自是要好好享受一番。各位推杯换盏，无不兴奋。不久，埃利奥特·罗斯福出现在门口。此次，他乘飞机前来专程与他的父亲会面。见到有人招呼他，便坐了下来，与我们共进晚餐。我们聊天时，他不停地插话。后来，还添油加醋地把我们的谈话内容广而告之，引发了极大的误解。据霍普金斯所言，斯大林跟我开了不少玩笑，我并没放在心上。

然而，当斯大林元帅谈到严惩德国人时，我被彻底激怒了。元帅语调温和，然而这一话题是如此沉重，甚至关系到了许多人的生命。他说，一定要彻底消灭德国的总参谋部。希特勒之所以拥有强大的陆军实力，全都是仰仗着参谋部的约五万名军官和技术人员。若是战争结束后，把这些人全部抓起来执行枪决，德军便会从此一蹶不振。听到这话，我适时反驳："英国议会和人民绝不会允许大规模的处决。即使一时被战争的怒火冲昏了头脑，暂时同意这样做，但若真正执行，第一次屠杀过后，他们必将会坚决向负责者提出抗议。请苏联方面不要有这样的想法。"

然而，斯大林或许只是在开玩笑，他又接着说到了这个话题。"这五万人必须被枪决。"他坚持道。我气愤不已，说道："我宁可现在被拉到花园里枪毙，也不愿忍受如此恶行的侮辱，更不愿让这样的行径玷污我的国家。"

这时，罗斯福总统插话了。他出来打了个圆场，说："不用枪毙五万人，四万九千就够了。"他这样说，无疑是想把这场讨论化作一场玩笑话。艾登也向我使眼色，安慰我，说这一切只是个笑话罢了。不曾想，这时埃利奥特·罗斯福却从后排的座位上站起来，大肆演说他是多么支持斯大林元帅的计划，声称他确信美国军队也必然和他看法一致。听到这，我忍无可忍，起身离开了餐桌，走到了隔壁那间灯光幽暗的房间。只待了不到一分钟，便有人从身后拍了拍我的肩膀。回头一看，是斯大林，莫洛托夫也来了，他就站在斯大林旁边。他们两个大笑着，真诚地解释称自己说的不过是玩笑话，压根没在考虑什么正经事。斯大林本就风度翩翩，若他想展示出来，自是极富魅力。然而，当时我真是第一次见到他的风度如此出众。即便如此，不管是当时，还是现在，我都认定，当时他所说的绝不仅仅是为了打趣，其背后一定隐藏着某种真实意图。听了他们的解释，我回到了餐桌上。在这之后，晚宴的气氛一片祥和。

第四章

FOUR

德黑兰：焦点

单独会见斯大林——"霸王"行动对地中海战场的影响——最高统帅问题——登陆艇决定一切——大战迫近意大利——斯大林强调"霸王"行动——总统举办"三人"午宴——苏联要求使用不冻港——第三次全体会议——三国一致同意发表的公报——英国大使馆的晚宴——不绝于耳的称赞和接连不断的讲话——布鲁克将军与斯大林针锋相对

对我来说，忙碌的 11 月 30 日是难忘的一天。这天是我的六十九岁生日，几乎整整一天，我都在忙着处理当前的种种要务。事实上，罗斯福总统与斯大林元帅共同住在苏联大使馆内，两人私下一直保持着密切往来。虽然至今我与罗斯福总统一直私交甚密，两国重要事务也相互交织，但是，自我们离开开罗后，总统便一直避免与我单独碰面。这使我必须要找机会单独会见斯大林。我认为，在对英国所持的战争看法的解读上，苏联领导人存在误解。斯大林持有一种错误观点，简要总结起来，即"丘吉尔和英国参谋长一直谋求在巴尔干半岛发起攻势，为此，他们意图叫停'霸王'行动"。我有责任对这项误解加以纠正。

"霸王"行动开始的确切日期，取决于一批登陆艇的调动情况。相对来说，这批登陆艇数目算不上太大。而巴尔干半岛的任何一项行动，都不需要用到这批登陆艇。受罗斯福总统委托，我们需要在孟加拉湾发起一次行动。若此战役取消，便会省下足够多的登陆艇供我使用。也就是说，即使面对着敌人的反抗，我们所具备的两栖作战能力，也能保证两个师的兵力同时在意大利或法国登陆。此外，"霸王"行动也可以在 5 月如期展开。我曾与总统达成一致意见，将于 5 月份开展"霸王"行动。总统本人，也不再坚持把行动日期定在 5 月 1 日当天。这样一来，我便有充足的时间展开行动。我们从未在德黑兰会议上提到过孟加拉湾计划。如果我能劝服罗斯福总统，放弃孟加拉湾计划，晚些兑现他对蒋介石所作的承诺，登陆艇难题便可迎刃而解，地中海战场各项行动都将得以顺利实施，"霸王"行动也可如期进行。事实上，过了很久，行动日期才得以正式确定，这场伟大的登陆行动实际开始于 6 月 6 日。然而，这一日期的确定并不是因为我提出了什么要求，而是出于月光和天气的考量。各位可以从后文获悉，重返开罗后，我确实成功说服罗斯福总统放弃了孟加拉湾行动。这样一来，我认定，我为参战做的所有准备皆已妥当。而当时，11 月 30 日清晨，在德黑兰，上述一切远未成定局，我坚信，应该把主要的事实告诉斯大林。可我并不打算告诉斯大林，总统和我已共同敲定"霸王"行动将于 5 月展开。我知道，我与斯大林的会面结束后，午宴上，罗斯福总统将会亲自向斯大林说明此事。我想，比起我来，罗斯福总统更有发言权。

译员波尔斯少校深得我的信任。当时，我与斯大林的这次私下会谈就是由他做的记录。谈话内容如下：

*　　*　　*

开场时，我便提醒斯大林元帅，我自己是半个美国人，对美国人民感情深厚。我对美国人民无比忠诚。因此，元帅不能因为我接下来所要讲的话，误以为我对美国人民不够尊重。然而，有些事最好还是能由我们两个人，毫无保留地谈清楚。

在地中海战场上，比起美国，我们投入了更多兵力。从数量上看，约是美国的两三倍。这也解释了我为何时刻牵挂着，要尽可能避免地中海战场上的部队闲置不用。我希望这些部队能时刻在战场上发光发热。意大利战场约驻有十三到十四个盟军师，其中有九到十个师是英国部队。此外，还有两个集团军，其中一个是英美第五集团军，另一个是全部由英国士兵组成的第八集团军。当前，我们似乎要从确保"霸王"行动按时展开和大力推行地中海战役这两者之间做出选择。然而，事实并不止如此。美方意图敦促我于3月份在孟加拉湾发起两栖作战行动以抗击日本。然而，我对这场行动并没有什么热情。若能将孟加拉湾计划所需登陆艇用在地中海战场上，我们不仅能依照计划实施地中海战场上的一切行动，还可以尽早开展"霸王"行动。现在，我们并不需要从地中海战场的行动和"霸王"行动的开始日期之间做出选择，而是要从孟加拉湾计划和"霸王"行动的开始日期之间择一而行。近两个月以来，美方一直敦促我们早日定夺"霸王"行动的开始日期，为此，地中海战场上的行动遭受了挫折。为了准备"霸王"行动，已经有七个师被调离意大利战场，其中，三个英国师被调遣回国，美方也调走了四个师，这已然影响了我军士气。这解释了我们为何未能抓住意大利崩溃的良机，但也充分证明了我们为"霸王"行动付出了多少心血。

尽早确定最高统帅的人选也至关重要。8月份前，担任"霸王"行动的最高统帅的人选都被认定为我们英国人。而在魁北克会议上，我告诉罗斯福总统，我同意由美国人担任"霸王"行动的最高统帅，同时，由英国人担任地中海战场的最高指挥官。这样的安排是我所乐意接受的，这是因为，虽然在登陆时，英美军队派出的兵力数量相近，但不久之后，美方便会占据兵力优势。行动开始几个月后，受此战役影响更深的一方将会是美国。而在地中海战场上，英国兵力占据优势，我也对此战场的行动有自己的一番规划，这样一来，我认为由英国人担任地中海战场的最高统帅较为适宜。罗斯福总统接受了这项安排。现在，任命"霸王"行动最高统帅的任务自然就落在了他的头上。罗斯福总统越早决定"霸王"行动最高统帅的人选，我便能越快任命地中海战场的最高指挥官和其他各指挥人员。出于涉及高层人员的种种国内原因，罗斯福总统迟迟难以决定最终人选。针对此问题，我曾敦促总统，最晚在我们离开德黑兰以前确认人选。斯大林说，这自然

很好。

　　随后，我转而开始讨论登陆艇问题，再一次解释了，登陆艇问题是怎样成为我们当前的障碍，又为何会成为障碍。即使在调走了七个师的兵力后，在地中海战场上，我们依旧驻有大批军队。而不久后，英美两国还将会在英国境内集结充足的兵力以供行动之需。这样一来，登陆艇便成了所有问题的决定性因素。两天前，斯大林元帅曾发表重要宣言称，希特勒投降后，苏联将参加对日作战。听后，我随即向美方提议，希望美国能为我们在印度洋海域实施的作战提供更多登陆艇；抑或是美方从太平洋海域调出一批登陆艇，以支援"霸王"行动的首次运输任务。这样一来，各项行动的登陆艇问题便可迎刃而解。然而，涉及太平洋战场的问题，美方一向不会轻易妥协。我曾向美方表示，若苏联参加对日战争，日本的溃败便指日可待。这样一来，美方便将有能力向我们提供更多的援助。

　　事实上，我和美方之间只在次要问题上存在分歧，这并不能代表我对"霸王"行动有丝毫轻视。我希望，既能在地中海战场上获取所需资源，同时又能保证"霸王"行动如期举行。我本希望在开罗会议上敲定行动的种种细节问题。可惜，蒋介石参会打乱了我的计划，几乎整个会议期间，我们都在讨论中国问题。现在，这些细节问题只能交由参谋长们定夺。虽说当前困难重重，但我相信最终一定能凑足我们各项行动所需的全部登陆艇。

　　现在，再详细谈谈"霸王"行动。行动日期或将定在5月或6月，在这之前，英国必将确保十六个师进入战备状态，加上军直属部队、登陆艇部队、防空部队及后勤人员，英方将共派出五十多万人参战。参战人员中，有部分来自英国最为精锐的部队，其中就包括从地中海地区调来的士兵，他们已久经沙场，经验丰富。此外，英国皇家海军将承担运输及掩护陆军的任务，国内空军部队的约四千架英国一线飞机则将全程参战。美国也已经开始向英国境内运输军队。直到目前为止，美方主要输送的为空军部队和陆军物资储备。我认为在接下来的四五个月中，美方每个月将至少输送十五万人。到5月份，美军总人数将会达到七十到八十万。成功击溃大西洋地区的敌军潜艇，为运输这批部队扫清了障碍。我希望在实施"霸王"行动的同时，或是另找一个恰当的时机，在法国南部发动攻势。地中海战场上的英国部队将尽可能前往法国南部作战，大约会有二十二到二十三个师的兵力。其余兵力则将留守意大利，负责牵制意大利战场上的敌军。

在意大利，一场战争迫在眉睫。亚历山大将军手下约有五十万人，盟军将派出十三四个师对抗德军九到十个师。天气状况恶劣，桥梁也全部遭到了破坏。即便条件如此困难，我们仍坚持在 12 月，由蒙哥马利将军率第八集团军向前推进，将于特韦雷河附近展开两栖登陆作战。与此同时，第五集团军也将全力奋战，以牵制德军。这场战役可能会发展成为一次小型的斯大林格勒战役。我们的作战目标是守住狭长的靴形地带，并无意深入意大利北部广阔的平原地区。

这时斯大林说，他有必要提醒我，苏军一直寄希望于我们进攻法国南部的战役，盼望此战能大获全胜。若在 1944 年 5 月行动未能成行，考虑到恶劣的天气条件和种种运输障碍，苏军会认为 1944 年再也无法发起行动了。若是"霸王"行动被取消，苏军必将极为失望，导致士气低落，这是他所不愿看到的。苏联人民已疲于战事，倘若 1944 年欧洲战局未能发生显著变化，他们将很难再继续坚持作战。斯大林担心，苏军或将渐渐觉得自己孤立无援。这也是他为什么一直在努力确认"霸王"行动能否如期举行的原因。若"霸王"行动无法按期开展，他必须得尽早采取措施，振奋苏军的士气，这是最为重要的任务了。

我说，只要德军调入法国内部的兵力不超过英美集结的军队，我们必将实施"霸王"行动。然而，若德军调入法国三十到四十个师，在我看来，我方横跨海峡作战的部队将无法抵抗。我并不担心登陆本身，而是担心在登陆后第三十天、四十天或是五十天后，将会发生什么。然而，若是苏军全力抗敌，我们也在意大利紧紧牵制住德军，甚至土耳其也加入了战事，这样一来，我便极有信心取胜。

斯大林说，"霸王"行动若能顺利开局，必将对苏军产生积极影响。若是将"霸王"行动定在 5 月或 6 月，他便可以着手准备对德军发起强力攻势。春天是最佳作战时间，3 月、4 月战事较少，这段时间可用于集结部队、补充物资，以便在 5 月、6 月发动进攻。这样一来，德军便腾不出闲置兵力调往法国。德国一直在向东部战场调兵，他们非常担心该战场的战局。此地既没有海峡阻挡盟军，又没有法国作为屏障，对德国来说，苏军若继续向前推进，将对他们产生很大威胁。若是盟国能采取有效行动协助作战，苏军必将继续向前进军。

斯大林问"霸王"行动将于何时展开。我回答说，未经罗斯福总统允许，我并不能擅自披露"霸王"行动的开始日期。但是，在接下来的午宴上，他将会知晓答案。我相信，这一答案必将令他满意。

＊　　　＊　　　＊

短暂休息后，斯大林元帅和我分头前往罗斯福总统的住处参加午宴。这是一场专为我们三人而设的午宴，甚至连译员都没有参加。午宴上，罗斯福总统告诉斯大林，我们俩一致同意将于 5 月展开"霸王"行动。听到我们俩庄严地亲自做出承诺，斯大林满意极了，终于放下心来。此后，我们便开始聊些轻松的话题。我只记得，我们谈到了苏联的出海口问题。苏联幅员辽阔，国力强盛，人口接近两亿，然而在冬季却根本没有港口能与广阔海路连接。我一直认为，这根本行不通，很有可能会引发争端，带来严重后果。

于是，当斯大林元帅要求为苏联提供不冻港时，我说，这没有什么困难。此外，他又提到了达达尼尔海峡及修改《塞夫勒条约》① 的问题。我回答道，我们正在努力敦促土耳其参战，讨论这个会伤害土耳其切身利益的问题怕是有些不合时宜。斯大林称，可以晚点再讨论这个问题。我说道，我希望苏联海军和船队能在海上顺利航行，我们

---

① 《塞夫勒条约》又译《色佛尔条约》，是协约国与奥斯曼帝国在 1920 年 8 月 10 日签订的一项条约。内容主要为削弱奥斯曼帝国的领土及国力，防止其再发动对外扩张的战争。——译者注

也将会对苏方船只表示欢迎。针对这点，斯大林表示寇松勋爵①可并不这样想。我说，当时，英国和苏联立场不一，看法也自然不同。

罗斯福总统说，波罗的海应向所有国家的商船开放，应设立自由港区，将基尔运河②移交托管。同时，达达尼尔海峡应向全球贸易开放。斯大林问道，这是否也同样适用于苏联贸易。我们承诺，这是一定的。

随后，斯大林问，苏联能在远东地区享有何种权益。我回答说，海参崴③已是苏联的。他指出，该港口也会结冰，并且使用该港口还要途经马六甲海峡。目前，摩尔曼斯克是苏联唯一的海上通道。我回答道，我很体谅苏联的难处。然而，世界政府必须交由已满足于自身已有权益且再无私欲的国家管理。若是世界政府被充满欲望的国家所控制，则必将造就危机。我们几国并没有理由再去继续谋利，安居乐业、毫无野心的人民将会维持世界的和平。我们几国的权力已使我们凌驾于他国之上，我们就好比在自己的庄园里自给自足、平静度日的富翁一样。

* * *

经过短暂休息后，下午四时，第三次全体会议正式开始。像往常一样，会议地点定在苏联大使馆。此次会议全员出席，参加者约三十人。

罗斯福总统称，他很高兴能在会上宣布，我们已就主要军事问题达成一致。

艾伦·布鲁克爵士说，英美三军参谋长共同研究了多次后，建议

---

① 乔治·寇松（1859—1925），英国政治家，一战时出任掌玺大臣和战时内阁成员，主张英国以印度为基地与苏联展开对中亚的争夺。——译者注
② 基尔运河，又名北海—波罗的海运河，是沟通北海与波罗的海的重要水道。——译者注
③ 又名符拉迪沃斯托克，中国传统称海参崴。——译者注

于5月开展"霸王"行动，"并在法国南部同时发起作战以协助'霸王'行动，并根据该时间段内可用登陆艇的数量决定行动规模，在登陆艇条件满足的前提下，发起最大规模的行动"。

随后，我强调，英美联合参谋长委员会同苏联军事当局保持密切联系具有重要意义。这样一来，东部战场、西部战场和地中海前线的所有行动便可相互配合。这就相当于，我们三个大国可以将德国这只猛兽团团围住，德国将四处受困，疲于抗争。"霸王"行动是战争开始以来，我们所筹备的最大规模的联合行动。因此，各位参谋长必须研究实施"霸王"行动所需的一切条件，将每个细节都完善到极致。

斯大林说，他明白参谋长们这一决策的重要意义，也理解实施这一计划所面临的重重困难。部队登陆后进行调度时，便是"霸王"行动风险最大之际。在那时，德国将有可能从东部战场调兵，千方百计阻挠"霸王"行动的实施。为了防止德国从东部战场调来大批兵力，他承诺，苏联将在5月组织开展一次大规模攻势①。

罗斯福总统提到，各个战场的行动应在时机上相互配合，这具有重要意义。他希望，三国参谋人员能继续保持当前紧密合作的关系。他已提前告知斯大林元帅，下一步工作便是任命"霸王"行动的最高统帅。在咨询了美方参谋人员，征询了我的意见之后，他大概能够在三四天内做出决定。既然我们已经敲定了主要的军事决议，英美参谋长最好尽快返回开罗以研究各项行动的细节问题。对此，我和斯大林表示同意。

我补充说，既然最重要的决策已尘埃落定，我们便要倾尽全力，用尽一切办法和手段获取更多的登陆艇。距离"霸王"行动正式开始还有五个月的时间，英美双方若能动用当前一切可利用的资源，登陆艇问题很可能会得到解决。既然我们决定实施"霸王"行动，就应派出具有压倒性力量的兵力，我希望，参谋人员能够想方设法调派更多部队参加"霸王"行动的首战。

———————————

① 苏联主要攻势开始于6月23日。

我问，三国参谋人员是否认为互相掩护作战存在某些难处。斯大林解释说，苏联利用伪装的坦克、飞机及机场，制造了大量假象用以欺瞒敌军。不仅如此，无线电制造的假情报也发挥了作用。他完全认同三国参谋人员应当密切协作，共同研究掩护和欺瞒敌军的计划。我说，"战争期间，真相极为宝贵，因此，只能由一个个的谎言来加以捍卫。"译员翻译完后，这句话赢得了斯大林和他的同志们的一致赞同。至此，在一片欢乐的气氛中，我们的正式会议宣告结束。

当时，我提议参谋人员应草拟一份公报，公报内容需涉及我们的军事会谈，要简明扼要、对各项行动内容保密，且要能预示德国即将灭亡。拟订完成后，交由罗斯福总统、斯大林元帅和我三人审阅。据此要求，经由全体人员审阅通过后，一份公报出台，内容如下：

　　……在三军参谋长的参与下，我们举行了圆桌会谈。会上，我们协定了三国鼎力合作以粉碎德国势力的军事计划。我们将从东部、西部及南部发起攻势，就这些行动的规模和时机，我们已完全达成一致。

*　　*　　*

迄今为止，所有的会议和聚餐都安排在苏联大使馆。我要求，无论如何，第三次晚宴应由我来做东，大家在英国大使馆内聚一聚。这项决定没什么好争辩的。按照字母顺序，英国和我本人都排在前面；以年龄来说，我比罗斯福或是斯大林大四五岁；要是加上参战时间，英国也排在第一位（这点我并未提及）；最后，11月30日还是我的生日。这些理由，尤其是最后一条，都证明该由我来主持这次晚宴。更何况，英国公使早已准备好了可供四十人享用的晚宴，不仅政治军事首脑可来赴宴，首脑的各位高级参谋也在邀请名单之列。宴会前夕，苏联内务人民委员会①的政治警察，坚持要在斯大林赴宴前，彻底搜查英国大使馆。他们检查了每一扇门和每一个坐垫。此外，还有约五十个苏联武装警察，照各自上级的命令，在几乎所有的门口和窗边布防。美方也派出了不少安保人员。所幸，一切进展顺利。斯大林在严密护卫之下前来赴宴，看上去心情愉悦；罗斯福总统则坐在轮椅上，向我们微笑致意，自是愉快亲切。

这一场合我永生难忘。我的右手边坐着美国总统，左手边则是苏联领导人。我们三国加起来，几乎控制着全世界所有的海军，四分之三的空军，能够指挥近两千万名陆军，而现在，这些军队正在为人类历史上最为残酷的战争顽强抗争。1940 年夏，我们以一己之力独自抗敌。当时，我们仅有空军和海军部队，陆军力量几近于无。相比起来，我们的对手——德意两国，正值巅峰状态，战无不胜攻无不克，几乎控制了整个欧洲，掌握着欧洲大陆的全部资源。回首这一路以来，我们一步步走向胜利，我不禁难掩喜色。罗斯福总统送给我一个精巧美丽的波斯瓷瓶作为生日礼物。回国途中，这一瓷瓶不幸被摔碎了。所幸，修补工艺巧夺天工。至今我都将其视作我的一件珍藏。

晚宴上，我和两位尊贵的客人谈得非常尽兴。斯大林又重提了他在会上谈到的问题，"谁将指挥'霸王'行动?"我答道，罗斯福总统尚未做出最终决定，但是，我基本可以肯定是坐在我们对面不远处的马歇尔将军。迄今为止，情况就是这样。显然，听到这一回答，斯大林很是高兴。随后，他谈到了布鲁克将军。他认为，布鲁克将军对苏联态度并不友善。1942 年 8 月，我们在莫斯科举行的第一次会议上，布鲁克将军与苏联人相处时，态度生硬、举止粗鲁。我安慰他说，军人与专业的同僚商讨战争问题时，都坦诚直率，显得不好相处。斯大林说，这样一来，他便对他们更有好感了。说着，斯大林远远注视着房间另一头的布鲁克。

---

① 苏联内务人民委员会（1929—1953）是苏联的主要秘密警察机构，也是 20 世纪 30 年代苏联大清洗的主要执行机关。——译者注

找了个好机会，我提议，为我们这两位杰出的客人干杯，祝福他们福寿安康。总统举杯，祝福我健康长寿。斯大林紧随其后，也向我表达了诚挚的祝愿。

*　　*　　*

随后，按照苏联的传统，大家不拘礼节，举杯庆祝。在这样的宴会上，气氛本就该如此。霍普金斯欢快地畅所欲言，他说："我曾花了很长时间，彻底研究了英国的宪法。我发现，这根本就是不成文的宪法，上面并未明确规定战时内阁拥有何种权力，又是怎样组成的。"据此，他做出以下结论，"我明白了，温斯顿·丘吉尔可随时按照自己的意愿，更改宪法的有关规定，赋予战时内阁相应的权利。"听罢，宴会厅一片笑声。这本书的各位读者理应明白，他这些玩笑话里压根没多少真凭实据。诚然，议会和我的内阁同僚们对我的鼎力支持，在英国史无前例。我所做出的决定也很少遭到反对。事实上，我曾不止一次骄傲地向我的两位伟大的朋友说，英国下议院由英国公民自由普选而来，战时内阁则由英国国内各个党派的代表组成。我们三人之中，只有我可以随时被下议院解除职权，也只有我无时无刻不接受着战时内阁的监督制约。罗斯福总统的任期是固定的。他不仅担任总统，也是战争总司令，照美国宪法来看，他几乎享有绝对权力。斯大林在苏联，或许曾掌握绝对领导权，此时此刻，更无疑享有绝对领导权。他们可以直接下达指令，我却不得不先要以理服人。然而，我认为这是理所当然的，我也很享受这个过程。虽然这是一项十分烦琐的工程，但既然程序本就如此，我自然没什么好抱怨的。

*　　*　　*

晚宴上，各位来宾相继发言，许多重量级人物，包括莫洛托夫和马歇尔将军也纷纷致辞。在这之中，我印象最深刻的要数布鲁克将军的讲话。事后，布鲁克将军亲自为我写下了他当时的发言，引述如下：

"晚宴过半（这是他自己记述的时间），罗斯福总统举杯，亲切地祝我健康长寿。总统还提到，我父亲曾去海德公园拜访他的父亲。总统说完后，我正在想着回敬总统这般亲近的言辞倒是没什么难度。而这时，斯大林站起身来，说由他来继续说两句。当时，他的言外之意是说我对待苏军不够诚挚友好，对苏军的优秀品格也缺乏了解。因此，他希望将来我能真正把苏军看作自己的亲密战友！"

听到这些指责，我很是讶异。我根本不知道这些指控有何根据。然而，以我对斯大林的了解，若是我听完以后沉默不语，他很可能更看不起我，将来还可能会继续这样攻击我。

于是，我起身，先是对罗斯福总统的祝愿表达了最为诚挚的谢意。随后，我转而开始回应斯大林的攻击，我大致谈到了以下内容：

"现在，斯大林元帅，请允许我回应您的祝词。您向我提出的指责根本毫无根据，我听后深感震惊，您本不应这样做的。您应该记得，就在今天上午，我们在讨论掩护计划时，丘吉尔先生说'战争期间，真相必须由谎言加以捍卫'，想必您也记得自己说过的话，您告诉我们说，在所有的防守安排之中，您总是会设法掩盖自己的真实意图。在与切身利益相关的战场上，总是会集中着大量伪装的坦克和飞机，而您的真实意图却总是处于这些伪装的严密掩护之下。"

"那么，斯大林元帅，您自己现在也是被那些表面伪装的坦克和飞机所蒙蔽，并没有真正看清，我一向与苏军保持着真挚的友谊，将苏军各位战友当作我的挚友。"巴普洛夫将这段话一句一句地翻译给斯大林，在这期间，我一直在仔细观察斯大林的表情，然而，我却半点也看不透他的想法。听完这段话后，斯大林面露喜色，转向我说："我喜欢这个人，他说得没错。以后，我一定要找机会跟他聊聊。"

后来，我们一起去了前厅，大家三五成群，随意谈天。那一刻，我不由感觉，我们伟大同盟团结一致的深厚友谊升华到了前所未有的境地。萨拉和伦道夫并不在我的邀请之列，在大家向我祝贺生日时，他们二人进来了。是斯大林特地把他们一起叫来了大厅，并诚挚地向他们表示欢迎。当然，罗斯福总统自是跟他们二人很熟悉了。我在大厅四处走动时，看到斯大林在一小圈人中，正和"布鲁基"（我给布鲁克起的昵称）面对面闲谈。这里，我接着转述布鲁克将军的记录：

"我们走出宴会厅时，首相告诉我，当我谈到'真相'和'谎言'时，他感到有些不安，不清楚我接下来应该讲些什么。然而，他安慰我说，我这番回应，给斯大林留下的印象不错。听罢，我决定去前厅，再找斯大林谈谈他对我的指责。我走向斯大林，告诉他说，听到他在祝词中对我做出这番指责，我无比惊讶，也很是难过。他立即便叫巴普洛夫翻译了这样一句话，'最真挚的友谊往往建立在误解之上'，随后，他热情地与我握手。"

在我看来，一切误会已然烟消云散。在我们共事之际，斯大林尊重我这位朋友并满怀诚意，建立在此种感情之上的信任永远不会动摇。

凌晨两点以后，我们才依依惜别。在警卫队的护卫下，斯大林向我告别，美方人员也护送着罗斯福总统回到了苏联大使馆。躺下休息时，我周身疲惫，却感到心满意足。我确信，我们今天所做的一切都意义深远。我这个生日自是过得快乐极了。

第五章

FIVE

德黑兰：结论

午宴上的交谈——怎样争取土耳其参战——苏联意图分得意大利船只——寇松线和奥得河线——坦诚交换意见——芬兰问题——"不割地，不赔款"——最终协议——德国问题——分割德国？——罗斯福总统的提议——斯大林元帅的看法——再谈波兰问题——军事政策大体达成一致——政治形势难以琢磨——战争高潮时，深切担忧德国的实力——当前分裂德国的安排："这将难以维持。"

我们虽已就战略问题达成关键决议，然而，尚且留有数个重大政治问题亟待解决。12 月 1 日，罗斯福总统邀请我们赴苏联大使馆共进午餐，三国首脑再度会面。参加此次宴会的还有莫洛托夫、霍普金斯、艾登、克拉克·克尔和哈里曼。宴会上，我们首先谈到的，便是说服土耳其参战的问题。

霍普金斯问，若土耳其同意参战，我们能向其提供何种援助？罗斯福答，伊诺努一定会问到这个问题。在登陆艇问题解决之前，我们必须慎重，不能轻易许诺。我说我们在埃及尚且留有十七个英国空军中队，不在英美联合指挥部管辖之下。此外，空军上将特德手下还有三个空军中队可供调遣。这些空军中队主要由战斗机组成，想必可以保卫土耳其安全。除了这些，我们还会提供三个高射炮团。这些就是我们承诺向土耳其提供的全部支援了。土耳其已有了五十个师的兵力装备，并不需要我们再另外调拨部队支援。因此，我们并未承诺要为其提供陆军支援。

斯大林说，若土耳其参战，它将有责任提供部分领土，供我们使用。我表示赞同，并补充说，普洛耶什蒂很容易遭到敌军袭击。英国向土耳其提供的全部援助，都抽调自本国的军事力量。为了凑齐二十个空军中队，我们还从地中海中部调来三个空军中队。或许美国可以再提供几个轰炸机中队。我们曾说过，英方没有闲置的陆军部队，仅能向土耳其提供空军支援。意大利战役结束后，"霸王"行动开始前的这段时间，可以空出来一批登陆艇，供3月份攻打罗得岛使用。罗斯福总统希望，这一计划可以成行。然而他强调，登陆艇损失惨重，我们最好能把可供使用的登陆艇全部用在"霸王"行动上。我回答说，这难度不大。我们尚未对土耳其作出任何承诺，况且，我还不清楚伊诺努是否会接受我们的建议。罗斯福总统则将回到开罗，参考美方参谋长的意见。英方最多只能提供二十个空军中队。土耳其需要空中援助，他们并不缺陆军。更何况，伊诺努可能根本不来开罗。

斯大林插话道："他很可能称病。"

我提议，若是伊诺努不肯去开罗，罗斯福总统又马上要离开德黑兰，我们或许可以乘巡洋舰到阿达纳同伊诺努会面，伊诺努肯定愿意去阿达纳。登陆艇问题是我们当前所有行动的障碍。我们或许可以从印度洋或是太平洋调一部分登陆艇，或是再建造一些登陆艇。然而，在保证"霸王"行动不受影响的前提下，若是登陆艇问题实在无法解决，我们就只能放弃部分行动了。

随后，罗斯福指出，我刚刚提议的要从太平洋调用登陆艇，这个办法根本行不通。首先，路程太过遥远。其次，当前美军正忙于向吉尔伯特群岛①和马绍尔群岛北部推进，以袭击日军的补给线，根本腾不出多余的登陆艇。

霍普金斯问，攻占罗得岛需用到多少登陆艇。我回答，我们并未向土耳其承诺必将攻占罗得岛或其他任何岛屿，这就意味着，我们并没承诺会提供登陆艇。罗斯福说，站在伊诺努的立场来看，他将会要求我们攻占克里特岛以及其他的岛屿。

---

① 地处太平洋西部，横跨赤道，位于美国和澳大利亚的海上交通线上，一战后由日本托管。——译者注

我说："我意图劝服土耳其参战，其主要目的是要使用英国在士麦拿和巴德朗地区所建造的空军基地。若我们能得到这些基地，便能安置空军中队，肃清德军空中力量。哪怕每击落一架德国飞机，我们都需要损失一架战斗机，这代价也是值得的。我们必须要断绝德国防守部队的空中物资供应。若这一计划成行，我们甚至不必向罗得岛发起攻势。一直以来，都是德国向这些岛屿提供物资供应。当前，由于德国掌握制空权，我方驱逐舰无法占据优势。若是我们能借由土耳其发起空中攻势，我方驱逐舰便可以摧毁德国护航队。若能掌握土耳其空军基地，我们便可持续向德国施压，这必将有助于'霸王'行动实施。"

斯大林表示赞同。罗斯福总统也支持我们以提供二十个空军中队和一些轰炸机为筹码同土耳其谈判，但是，他认为我们不能承诺两栖作战行动。

接着，我总结说，我们仅会向土耳其提供有限的空中支援，并援助一些高射炮。此外，我们将持续向土耳其提供武器装备。冬天快到了，考虑到气候因素，德国暂不会对土耳其发起进攻。现在，土耳其正面临千载难逢的机会——接受苏联邀约，与我们各国一道参加和平会议。苏联承诺，土耳其向德国宣战后，若保加利亚对土耳其发起进攻，苏联必将不顾以往情面，进攻保加利亚。要放在以前，苏联绝不会这般对待保加利亚。我们还将建议，土耳其能够同我们战胜国合作，与我们保持亲密的友谊并接受我们的援助。

斯大林问道："在土耳其对德宣战后，保加利亚若进攻土耳其，苏联则会向保加利亚宣战。丘吉尔先生您希望苏联政府具体采取怎样的措施呢？"

我回答说，我并不会向苏联提出具体要求。若苏联军队越过敖德萨向前挺进，保加利亚人民自会受到震慑。土耳其步兵作战勇猛，武器充足，炮兵部队精良，然而坦克却稀少，飞机和高射炮更是紧缺。我们在土耳其设立了军事学校，但是他们偶尔才来上课。土耳其人学习能力一般，士兵空有满腔壮志，却缺乏现代化装备。为了提升装备

水平，土耳其人已经花了两千五百万英镑购置武器，这些武器大多由美国制造，英国则承担了运输任务。

斯大林说，土耳其很可能无须真正参战。随着事态发展，他们可能会向我们提供空军基地，这便是很好的结果了。

听完以后，罗斯福总统请艾登将军向我们说明，当时土耳其人在开罗说了些什么。艾登将军说道，他曾请求土耳其外交部部长向我们提供空军基地，并告诉他说，德国并不会进攻土耳其。然而，外交部部长拒绝了这一请求，并称这样一来土耳其将会激怒德国，德国不会坐视不理。比起以提供空军基地这样的方式变相参战，土耳其宁愿签下协定，正式参加战争。

我注意到，当我们要求土耳其有条件地保持中立，向我们提供其空军基地时，他们会说，"哦，不可以，我们不能处于被动。"若我们要求土耳其积极参战时，他们又会说，"哦，不可以，我们武装力量不足。"我提议，必要的话采取其他措施。若土耳其拒绝参战，我们便剥夺其参加和平会议的权力。我们怎样对待其他中立国，便怎样对待土耳其。我们将声明，英国将不再参与土耳其各项事务，并将停止向其供应武器。

艾登先生说，他希望能彻底弄清楚，我们将向土耳其提出何种要求。我们是否同意，土耳其仅参加对德战事？若德国迫使保加利亚向土耳其发起进攻，苏联政府是否会向保加利亚宣战？针对以上两点，斯大林都做出了肯定答复。我说就我个人而言，土耳其保持其中立态度，我便十分满足了。到此为止，我的提议，即以有限的代价实现敦促土耳其参战这一伟大目标，获得了广泛认同。我们未能攻占罗得岛，也没能守住科斯岛和莱罗斯岛，土耳其人必将感到痛心。但是，当时我并没提到这一点。我讲了所有我认为需要提到的要点，并且相信这些便足够了。

*　　*　　*

这时，莫洛托夫问，苏联政府是否能在意大利船只分配问题上得到明确答复。罗斯福回答得很简单，战争期间，我们三国可获得大量商船和少数军舰的使用权，战后再具体分配船只所有权。战争结束前，哪国能够最大限度地利用这些舰只，便将这些舰只提供给该国使用。莫洛托夫称，苏联必将有效利用这批舰只。我问道，苏联政府方便在什么地方交接这批舰只？斯大林答，黑海，但若是土耳其拒绝参战，便无法在黑海交接舰只。但这批舰只在北海也能发挥作用，可以把交接地点定在北海。

我说，苏联已为战争做出了极大贡献，并且还在继续全力抗敌。比起这些贡献，舰只的使用权不过是微不足道的小事罢了。我们只希望，苏联能给我们一点时间，同意大利人协商此事。我说，我自是希望这些舰只能被调往黑海，或许，我还会同时派遣一些英国舰只过去。罗斯福总统和我只是需要时间和意大利人商讨这些问题。当前，意大利的一些小型舰只正在开展巡逻工作，部分潜艇也被用来运输重要物资。我们必须确保，意大利舰队无叛乱发生，也没有舰只被击沉。因此，我和罗斯福总统可能要花上几个月的时间，来和意大利人具体协商安排舰只问题。几个月后，这些舰只经过改装，便可供苏联使用。我还补充说，若是土耳其能接受"有条件地保持中立"，我便会向土耳其要求，派遣四到五艘英国潜水艇进入黑海海域。诚然，这一切都得按照斯大林元帅的安排进行。我们对黑海并无野心。

斯大林回答说，无论对苏联进行何种援助，他都心怀感激。

*　　*　　*

午宴结束后，稍事休息，我们便进入另一个房间，在会议桌旁就座，再度展开我们的讨论。会谈持续了一个下午。我们又谈到了一项重要议题——波兰问题。

　　第一个发言的是罗斯福总统，他说，为了使波兰政府接受我们所做的决议，虽然困难重重，但还是希望波兰和苏联两国政府能够恢复邦交。斯大林问道，他该与波兰哪个政府协商？现如今的波兰流亡政府，以及目前待在波兰与波兰流亡政府交好之辈，都一直与德国人保持着密切联系，他们甚至大肆残杀游击队员。罗斯福总统和我都对波兰的这些情况一无所知。

　　我说，德国入侵波兰，直接导致英国对德宣战。因此，对英国来说，波兰问题至关重要。德国向波兰发起进攻后，未作任何战争准备的英国不得已仓促应战。为了解释得更清楚，我用三根火柴比作德国、波兰和苏联。为防止在将来某一天，德国再度发动战争，保卫苏联西部边境的安全便成了盟国的主要目标。说到这里，我提醒斯大林，他自己曾提过苏联西部的奥得河边界线。

　　这时，斯大林打断了我的话，他说，之前我们只讨论过重新界定波兰边界线问题，并没有提到苏联要同波兰政府恢复邦交。可是今天，波兰问题的焦点同之前大相径庭。波兰问题事关苏联的边境安全，苏联比其他国家更想和波兰建立良好关系。苏联方面支持，应消耗德国有生力量，将之用于复兴、发展、壮大波兰国力。然而，斯大林认为，波兰同波兰流亡政府决不能同一而论。苏联已同波兰流亡政府断绝往来，这不是出于一时冲动，而是因为波兰流亡政府同希特勒一道，诽谤苏联。这样的行径有过一次以后，谁能保证不会一而再，再而三呢？他希望波兰流亡政府能承诺不再残杀游击队员，也不再同德国一道谋划什么阴谋，而是去鼓励波兰人民抵抗德国。不管波兰哪个政府采取这样的积极措施，他都会向其表示支持并愿与其恢复邦交。斯大林并不相信，波兰流亡政府会痛改前非，转而成为理想中的波兰政府。

　　听到这里，我说，如果在此次会谈中，我们能了解到苏联对边界问题的看法，必将对事态的发展大有裨益。之后，我可能会向波兰方面谈到边界问题，并将坦率地告知这些条件是否公平合理。我谨代表英国政府，希望能向波兰人民传达，我们提出的计划是切实可行的，只有照此计划执行，才能获得最大权益，英国政府不会在和平会谈上对此计划提出异议。在这之后，我们再来讨论罗斯福总统提到的恢复邦交的问题。我们希望，波兰能成为主权独立的强国，并同苏联保持良好外交关系。

斯大林认为我的话没错。1939 年划分的边界线，符合人种学的要求。苏联一向支持此次划分结果。根据 1939 年的边界线来看，乌克兰和白俄罗斯已分别收回了本国领土。若是此次波兰强占乌克兰和白俄罗斯的领土，这是非常不公道的。我们不能允许波兰这样做。

艾登问，1939 年的边界线是否指的是里宾特洛甫—莫洛托夫线？

斯大林回答道："想怎么叫它都可以。"

莫洛托夫指出，这条线一般被称为寇松线①。

艾登反驳道："这两条线有显著差异。"

莫洛托夫道："这两条线指的就是同一条。"

这时，我拿出一张地图，指出了寇松线、1939 年边界线，以及奥得河线。艾登说，从未有人明确界定过寇松线向南延伸到了何地。当时，参会人员三三两两地散开了，一群人围在我的地图前，还有一批人围在美国人拿出来的地图前。译员很难记录当时的会谈情况。

艾登提醒大家，寇松线本来是将准备延长至利沃夫②以东的。

斯大林回答说，地图上所划的边界线有误。利沃夫应被划入苏联境内，边界线向西则本应划至普热梅希尔③。莫洛托夫会提供一张地图，图上将详细展示寇松线的范围，并将对寇松线做具体说明。斯大林说，若是苏联境内的任何地区是波兰人的居住地，他将很乐意把那块领土让给波兰人，他并不希望波兰人民被划入苏联境内。

我提醒说，比起普里佩特沼泽地，德国领土的价值要大得多。德国领地是工业区，更有利于波兰的发展。我们很希望告诉波兰人，苏联人是对的，这一条件对波兰人民来讲公平合理。若波兰人民拒不接

---

① 寇松线，英国外交大臣 G. N. 寇松向苏俄和波兰建议的停战分界线。——译者注
② 利沃夫，乌克兰西部的主要城市，有"狮城"之称，利沃夫州首府。——译者注
③ 普热梅希尔，波兰东南部边陲城市，普热梅希尔省首府。——译者注

受，我们也不会再做改动。这时，我强调，上述发言仅代表英国政府立场。接着，我又补了句，许多波兰人住在美国，罗斯福总统一直把他们当作自己的同胞。

斯大林再次表示，不管是哪个地区，只要能证明是波兰人民的居住地，他都不会强占。说着，他在寇松线以西、维尔纳以南，圈出了一些地区，承认这些地方主要居住的是波兰人。

这时，大家又分散开来，研究地图上的奥得河线，分析了很久。各回各位后，我说道，地图上所示分界线甚得我心。要是波兰人民不同意这样的安排，我一定会跟他们讲，这并不是什么明智的决定。我会提醒他们，没有苏军的保护，波兰早就亡国了。我将指明，这片地区纵横三百英里以上，在此地安家立业，何乐而不为呢。

斯大林说，波兰必将成为工业大国。

我插话道："也会是苏联的好邻居。"

斯大林回答我说，苏联确实希望波兰能够对苏友好。

根据会议记录来看，当时我严肃地告知艾登先生，割让德国部分领土给波兰或是利沃夫一事，我不愿再多费心力。艾登说，若是斯大林元帅将寇松线和奥得河线作为谈判的基础，那我们便可以从这两条线着手，开始处理此事。

这时，莫洛托夫拿出了苏联那张画着寇松线的地图，还有寇松勋爵的一封电报，上面详述了寇松线各个地点的名称。我问，莫洛托夫是否同意将奥波莱地区划归波兰？莫洛托夫说，他没什么意见。

我说，对波兰来说，采纳我们的建议，才是明智的做法。我并不打算过多争辩利沃夫问题。我转过头跟斯大林说，我认为我们二人在原则问题上分歧不大。罗斯福问斯大林，若根据居民的意愿对其进行转移是否可行？斯大林元帅说，这也不失为一个办法。

谈到这儿，波兰问题的讨论就告一段落了。

*　　*　　*

随后，罗斯福总统又问道，斯大林元帅准不准备聊聊芬兰问题？为使芬兰退出战争，美国政府是否需要有所行动？

斯大林回答，最近瑞典副外交大臣跟苏联大使科隆泰夫人说，芬兰人民担心芬兰将被苏联吞并，成为苏联的一个省。苏联政府回应，只要芬兰不至于太过分，苏联是不会吞并芬兰的。科隆泰夫人授命向芬兰方面传达，苏联政府是不会拒绝芬兰方面派代表团来访问莫斯科的。然而，苏联政府希望芬兰方面能够就是否退出战争的问题，表明自己的态度。不久前，就在德黑兰，博希曼先生交给斯大林一份提纲，上面列出了芬兰方面对此问题做出的回应。芬兰方面的回应中，根本没有提到芬兰有同德国决裂的意向，而是谈到了边界线问题。芬兰人提议，将 1939 年的边界线作为谈判基础，并稍稍调整了边界线范围，以迎合苏联的利益。斯大林认定，芬兰实际上并不急于严肃认真地与我们沟通协商，芬兰人自己也知道，我们根本无法接受他们提出的条件。芬兰人依旧抱有侥幸心理，希望德国能够获胜，甚至有一小部分人坚定地认为，德国必将是最后的赢家。

罗斯福问，若是美国政府劝说芬兰访问莫斯科，是否会取得成效？斯大林回答道，芬兰为来访莫斯科做足了准备，但若芬兰坚持其当前的计划，就算来了，双方也谈不出任何结果。

我说，曾经在苏芬战争期间，我同情芬兰一方；现如今，芬兰对苏联宣战，我坚定地站在苏联这边。对苏联来说，列宁格勒不能有丝毫闪失，通往列宁格勒的各个通道也必须保证安全。苏联必须牢牢守住其在波罗的海的海空军事强国地位。英国人民不愿看到，苏联违背芬兰人民的意愿，强行吞并芬兰。听到斯大林元帅说苏联无意如此后，我自是很高兴。我认为，我们也没必要要求芬兰赔款。为了偿还赔款，芬兰可能要砍些树来抵债，这并没多大好处。

斯大林说，他不想要金钱赔偿。但是芬兰对苏联造成的损失不能一笔勾销，在五到八年内，芬兰或可向苏联供应纸张、木材等等。斯大林认为应当坚持向芬兰索要赔偿，不然，芬兰是不会长记性的。

我说，在我看来，芬兰袭击苏联一事，对苏联造成了莫大的损失。然而，芬兰这样一个穷国，根本没有能力弥补这些损失。我补充道，"也许斯大林元帅您听了会不高兴，可我还是要说，我脑海中一直回响着一句著名的口号——'不割地、不赔款'。"

听罢，斯大林大笑道："我告诉过您，我已经成为保守派的一员了。"

我接着问斯大林想要怎样的结果？我们很快就会发起"霸王"行动。我希望在春天之前，瑞典能加入我们的战争，芬兰则退出战争。斯大林说，听起来很不错。

在这之后，我们开始讨论领土问题的各个细节。我们谈到了维堡①（斯大林说："维堡问题容不得商量。"）、卡累利阿地峡和汉科。斯大林说，"要是不能割让汉科，用贝柴摩②来代替也可以。"罗斯福总统说："这很公道。"

我说，英国有两个希望：一、苏联能对边界划分感到满意；二、芬兰人民能获得自由和独立，并且能在那些条件极为艰苦的地区安居乐业。但是英国并不想对苏联施加压力。斯大林说道，我们盟国较为富足，彼此之间可以偶尔互相压榨，但是，不能过分压榨芬兰，否则芬兰人民会活不下去。只要芬兰能补偿其对苏联造成的损失的一半，苏联便满足了。罗斯福问道，若是芬兰没有准备任何和谈条件，便前去访问莫斯科，此行还能否发挥作用？斯大林回答，若是芬兰人长途跋涉来到莫斯科，却不能保证此次会谈能与苏联达成一致协议，那么此行只会被德国人和芬兰国内的激进分子加以利用。德国将会借此次和谈的失败大做文章；激进分子也会大肆渲染说，苏联人并非诚心想要和谈。

---

① 维堡是位于丹麦中日德兰大区的一个城市。维堡是中日德兰大区的行政中心所在地。——译者注

② 贝柴摩，旧地区名，1947年根据苏芬和约，并入苏联，改名佩琴加。——译者注

我说，这无疑是胡说八道。我们大家都将公开证明这些人是在说谎。

斯大林道："好吧，如果你们坚持这样说，就让芬兰人过来吧。"

罗斯福说，芬兰现任领导者们都是亲德派，若是有非亲德派与他们一道访问莫斯科，或许谈判还能取得某些进展。斯大林说，最好有其他人一起来，不过，就算是吕蒂①来了，他也没意见。任何人来都没关系，就算是魔鬼来了他都不怕。

我说，我们希望在5月总攻势开始前，能争取瑞典参战。我希望斯大林元帅在处理芬兰问题时，能适当兼顾瑞典问题。

斯大林表示同意，但他强调，以下这些条件他不会做出让步：

1. 恢复1940年条约。

2. 割让汉科或贝柴摩（针对此点，他补充道，汉科已暂时租借给苏联，但是他将会向芬兰提议割让贝柴摩）。

3. 赔偿苏联所受损失的百分之五十，具体数额可在将来协商。

4. 与德国断绝往来。

5. 将所有德国人驱逐出境。

6. 遣散军队。

谈到赔偿问题，我说道，破坏容易修复难，若一个国家不停地向另一国缴纳贡税，必将带来不良后果，"经验证明，大额赔款是行不通的"。斯大林说，若芬兰不赔款，苏联就要占据芬兰部分领土，若是赔款，苏联就会在当年撤走。

我说道："我并不是苏联人民委员，但若我当选为委员之一，我一定会提议反对赔款。比起此事，还有许多重要问题在等我们研究。"我们站在苏联一方，时刻准备为苏联出力，然而，处理此事时，必须要兼顾5月份的战役。罗斯福总统说，他赞同我的全部意见，反对向芬兰索要大额赔款。

---

① 里斯托·吕蒂，芬兰政治家，芬兰国家进步党成员，曾任芬兰总理和芬兰总统。——译者注

＊　　＊　　＊

听罢，斯大林问道："还有其他问题需要讨论吗？"罗斯福总统回答道："还有德国问题。"斯大林说，他希望能看到一个分裂的德国。总统表示同意，斯大林认为我肯定会反对。

我表示，原则上来说，我并不反对。罗斯福说，三个月前，美国就知道我们一定会讨论到这个问题，于是，他和顾问们便已初步拟订了一个分裂德国的计划。照这一计划，德国将被分裂为五个部分。斯大林笑着对我说，他认为我并没有在认真听，因为我不愿看到德国分裂。我说，我认为，德国的祸根是普鲁士，是普鲁士军队及其总参谋部。

随后，罗斯福详细说明计划准备将德国分裂为以下五个部分：

1. 普鲁士。
2. 汉诺威及德国西北部地区。
3. 萨克森及莱比锡地区。
4. 黑森至达姆施塔特、黑森至卡塞尔，及莱茵河以南地区。
5. 巴伐利亚、巴登及符腾堡。

这五个地区将分别实施自治，还有另外两个地区将划归联合国统治：

1. 基尔、基尔运河及汉堡。
2. 鲁尔及萨尔。

这些地方将会被控制，交由联合国管辖。罗斯福说，这只是一个初步计划，希望我们可以详加讨论。

我说道："借用一句美国的俗语，罗斯福总统真是'说得妙极了'。我从未想到过罗斯福先生的这一计划。在我看来，我们要做的只有两件事：破坏和建设。有两点我考虑得很清楚：一是孤立普鲁士。至于孤立普鲁士以后怎样做倒不是太重要；二是分离巴伐利亚、符腾堡、巴拉丁领地、萨克森和巴登。不同于对待普鲁士时的严苛，我对这些地区的处置方式较为温和。我希望他们能够共同组成一个联邦，我将这一联邦命名为多瑙河联邦。这些地区的德国人民并非无药可救，我希望他们能够安稳地生活下去。这样一来，他们的下一代便会有所改观。德国南部地区的人民并不会再度发起战争，我们应该尽量让他们幸福生活，尽量忘掉普鲁士的恶行。至于将他们分成一组或两组，我倒是并不在意。"

我问斯大林元帅，就我所提到的问题，他是否准备采取一些行动？斯大林说，他会的。然而，他更加支持类似于罗斯福总统所提到的，分裂德国的计划。他认为，这类计划更有利于削弱德国。英美军队很快便可以发现，与大批德国军队作战时，德军就像魔鬼一般。奥地利军队却大不相同，随后，斯大林描述了奥地利军队投降的场景。普鲁士军官所起的作用，只是联合了所有的德国人，不管是德国南部的人，还是德国北部的人，所有的德国人本性都一样，打仗时就像凶猛的野兽。我们应特别注意，不能将奥地利人划归到这些人中。奥地利曾经是一个独立的国家，现在，应该让其恢复独立。匈牙利也是一样的道理。分裂德国后，却又创造出多瑙河联邦等国家，再度把德国人联合在一起，这是十分不明智的行为。

罗斯福总统非常赞同，他同样认为，只要是德国人，本性就没有什么不同。美军已然发觉，若是巴伐利亚也设有军官阶层，他们将和普鲁士人没有任何区别。

我说，若是遵照罗斯福总统的提议，将德国瓜分为若干个地区，这些地区彼此之间又相互独立，那么迟早有一天，这些地区会重新联合在一起。当前，问题的关键并不是要将德国分裂成多少个地区，而是要使这些被分离的地区，不用依靠德意志帝国的力量，便能各自独立生存并安居乐业。即使需要半个世纪才能实现这一目标，也是值得的。

斯大林说，多瑙河联邦这样的组织是无法存活下去的。德国人将会以此联邦为根基，不断为其添枝加叶，这样一来，便会创造出一个新的德国。说到这儿，他问道，匈牙利和罗马尼亚是否会被划入这样的联邦之内？随后，他又反复强调，德国将来会怎样利用这种联邦。最好的办法还是分裂德国，分散其各个种族。诚然，不管分成多小的地区，他们都会想办法重新统一起来。在他看来，这里面潜藏着极大的风险，我们必须采取多种经济措施来化解危机，必要时，还可用武力解决。要想维持和平，这是唯一的手段。若是让德国人建立一个大联邦，一定会出问题的。我们必须将德国人分离开来，也不能让匈牙利和德国再度联结。我们采取任何措施，都无法阻止德国人再度统一。因此，我们必须要努力发展本国实力，若德国再度寻衅滋事，我们必须有能力将其打垮。

　　我问斯大林，他是否计划将欧洲分割为各个独立的小国，不允许任何大国存在？斯大林回答说，他仅仅在谈论德国问题，不是整个欧洲。欧洲有波兰和法国这样的大国，也有罗马尼亚和保加利亚这样的小国。但是，我们必须不惜一切代价，将德国拆散，不能再让其重新统一。罗斯福总统说，他提议的方法，就是为了实现这个目的。我说我必须明确说明，对于这样一个重大的历史问题，我们目前只是在做初步研究。斯大林接道，这自是没错，我们的分析还停留在表层。

＊　　　＊　　　＊

　　随后，我又将话题转回到了波兰问题。对此，我希望能草拟一份文件。我不是在要求达成某项协定，也不是说我对这个问题已经研究得非常透彻了，我只是觉得最好还是把我们当前的观点记录下来。接着，我便草拟了这份文件，内容如下："原则上，从所谓的寇松线到奥得河线，是波兰的国土范围，也是波兰人民的居住地。被划分后的东普鲁士和奥波莱也将隶属波兰。只有仔细研究后，才能真正确定边界线的具体轮廓。此外，我们或许还要处理某些区域的人口问题。"写下这样的方案后，我便能对波兰人说："我不知道苏联人是否会同意这样的计划，但是我会努力为你们争取的。瞧，你们的待遇不错吧。"我补充道，不管我们再怎么努力，波兰人都不会觉得满意。波兰人是很贪心的。

随后，斯大林说，苏联人很希望拥有哥尼斯堡①这个不冻港。接着，他在地图上画了一条理想中的分界线。这样一来，苏联将会处处制约德国。若哥尼斯堡能为苏联所有，他就能答应我为波兰问题准备的文件。我问道，利沃夫问题怎样解决？斯大林回答，他同意接受寇松线。

*　　　*　　　*

当天晚上，罗斯福、斯大林和我共同草拟了一份文件，这份文件记载了三国首脑就军事问题达成的结论，具体内容如下：

会议：

1. 与会各方一致同意，应尽最大努力向南斯拉夫游击队提供物资及装备支持，同时，发动突击战以援助游击队行动。

2. 与会各方一致同意，土耳其参战具有重大军事意义。年底前，土耳其应加入同盟国并参战。

3. 与会各方需记住斯大林元帅的此项陈述，即，若土耳其参与抗德战事后，保加利亚对土耳其宣战或是向土耳其发起进攻，苏联会即刻对保加利亚宣战。与会各方还需铭记，在与土耳其谈判敦促其参战时，一定要明确地将这一事实加以阐释。

4. 与会各方须铭记，"霸王"行动将在1944年5月展开，同时，还将在法国南部发起一次行动作为支援。将根据登陆艇的可用情况确定进攻法国南部这一计划的规模，行动规模越大越好。与会各方还需谨记，斯大林元帅说，为了防止德国从东部调兵到西部，苏联也会同时向德国发起攻势。

---

① 哥尼斯堡，俄罗斯西部港市加里宁格勒的旧称。——译者注

5. 与会各方一致同意，为了即将在欧洲展开的各项军事行动，今后，三国军事参谋人员要保持密切联系。尤其值得注意的是，各方一致同意，为了掩护各项行动，误导敌军行动，干扰敌军判断，上述参谋人员应共同协作，制订一项掩护方案。

* * *

我们在德黑兰进行了一系列的讨论，这些讨论耗时长，参会人员也付出了很多心血。至此，这些谈话终于告一段落。我们所做出的军事结论，决定着战争未来的走势。横跨海峡作战定在 5 月份，具体日期则视潮汐和月光情况进行调整。苏联将再次发动大规模攻势以支援此次行动。还有一项提议是，派出部分驻于意大利的盟军，向法国南部海岸发起攻势。从一开始，我便十分赞同这项提议。虽然我们还尚未研究此次行动的具体细节，但是，由于美国和苏联都对这项计划表示支持，实施此项计划所需的登陆艇也就比较容易凑齐了。有了这批登陆艇，意大利战役才能顺利开展，攻占罗马的计划也将得以实施；若是登陆艇不够，我们为这项计划所做的一切努力都将白费。此外，罗斯福总统还提出了一项备选方案，即从意大利出发，经由伊斯特里亚半岛和的里雅斯特由右向左推进，通过卢布尔雅那山峡，最终到达维也纳。这些安排都是五六个月后的事了。意大利战场所需的登陆艇并不多，却对战役发挥着关键作用。而今，这批登陆艇被调走了，这对意大利的战事影响颇大。只要我军在意大利战场能坚持下去，我们还将会有充足的时间根据总战局的发展对各项行动做出最终决断。我们亦很有希望开展许多两栖及半两栖作战行动。然而，孟加拉湾的海上作战计划，我则希望放弃。在下一章节，我也会提到，事实证明，放弃这一计划是正确的选择。很多重要的备选方案被保留下来了，这让我甚是开心。至于土耳其问题，我们还将继续倾尽全力敦促其参战，这样一来，爱琴海地区甚至黑海地区都将受益无穷。然而，此事最终的结果却让我们很失望。我们各方为了共同的目标而团结一致、友爱和谐，在这样的气氛中，我们互相道别。分别时，纵观整体军事形势，我个人感到非常满意。

＊　　＊　　＊

　　然而，当前政治形势却变数颇多，难以预测。显而易见，一系列重要战役的结果决定着政治形势的走向；战争获得最终胜利后，各个盟国的态度也将对政治形势产生重要影响。在德黑兰，西方民主国家应相信苏联，相信在苏联获胜，且其国内危机解除后，苏联必将全力援助盟国。西方各国不应持有对苏联将信将疑的态度来制订作战计划。斯大林承诺，在希特勒战败以及德国军事力量瓦解后，苏联将即刻参与抗日战争，这一承诺具有关键意义。会议桌前，三国领袖决定以深厚的友谊为基础携手合作，以三国力量为根基建立一个世界机构以维护和平。唯有尽快结束战争，尽早建立起这一世界机构，世界的未来才能充满希望。

　　芬兰的赔款压力已被减轻了不少，直到现在，这套赔款方案大体上还是没变。波兰新的东西部边界线已基本划定：东部以寇松线为界，具体范围尚待说明；西部则以奥得河为界。备受创伤的波兰如今苦尽甘来，希望波兰人民能在这片土地上安居乐业、生生不息。奥得河由东尼斯河和西尼斯河汇流而成，在当时，东、西尼斯河的问题还没有出现。1945 年 7 月，波茨坦会议上，那时的情况和德黑兰会议举行时的情况全然不同，人们激烈争论，波兰西部边界具体是东尼斯河还是西尼斯河。我当时宣布，英国仅承认东尼斯河一线隶属波兰，直到现在，英方仍坚持这一立场。

＊　　＊　　＊

　　此次会议具有里程碑式的意义。战胜国如何处置德国称得上是最

为重要的问题，然而，在德黑兰会议上，我们"目前只是在做初步研究"。正如斯大林所言，"我们的分析还停留在表层"。我们必须牢记，我们正在与强大的纳粹势力顽强抗争，这是一场惊心动魄的大仗。战争的风险无处不在，同盟的友谊牢不可破。我们心中只有一件事，即为了我们共同的敌人抗争不止。罗斯福总统草拟了一个分裂德国的计划，照此计划，德国将被分成五个自治国家和两个地区。后两个地区具有重要意义，将被纳入联合国管制之下。而我提议，要么孤立普鲁士，建立多瑙河联邦；要么南部德国独立并成立多瑙河联邦。两计划相比，斯大林自是支持前者。这仅能代表我的个人观点，然而，考虑到德黑兰会议举行时我们所面临的种种情况，提出这一方案我毫不后悔。

统一的德国实力之强盛，使我们极为忧心。普鲁士文明历史悠久、辉煌璀璨。我认为，我们或可与普鲁士签订一项严肃正式却又对其不失尊敬的合约。同时，照原有的奥匈帝国框架，重建一个现代化国家。老话说得好，"若奥匈帝国不存在，它迟早会被创造出来"。比起其他办法，这一方案必定能使这片广袤的土地更早步入和平、和谐的新纪元。这样一来，整个欧洲将会合为一体，所有战胜国和战败国都将认识到，这是千千万万饱经国内战乱的人民自由生活、安居乐业的可靠保障。

我相信，我针对这一广阔地区所提出的构想具有长远意义。然而，事实上我们当前正在遭受巨变，灾难性的巨变。波兰边界名存实亡，德国确实被分裂了，但被分裂后的一个个区域实质上不过是军事占领区。面对这样的悲剧，我只能说，这是不会长久的。

第六章

SIX

重返开罗：确定最高统帅人选

安达曼群岛行动计划——罗斯福总统决定放弃安达曼群岛行动
——联名致电斯大林元帅——蒙巴顿所需作战部队数目庞大——参谋
人员讨论抗日战略——援助土耳其的计划纲要——土耳其将不会实际
参战——罗斯福总统决定，任命艾森豪威尔将军担任"霸王"行动的
最高统帅——罗斯福总统和我参观狮身人面像

　　12月2日，我从德黑兰返回开罗。这次，我依旧住在金字塔附近
的那栋别墅里。同天晚上，罗斯福总统也抵达开罗。当晚，罗斯福总
统和我又继续谈话，我们谈到了战争的整体局势，也谈到了和斯大林
会谈的结果。其间，从德黑兰返回途中，联合参谋长委员会的各位同
僚曾在耶路撒冷稍作休整。次日，他们也将继续针对战争的各项要务
展开讨论。我们计划在安达曼群岛开展两栖作战行动（又名"海盗"
作战计划），并授命蒙巴顿海军上将拟订行动方案。蒙巴顿海军上将回
到了印度，并从印度发来了修改后的行动方案。当前登陆艇严重短缺，
而实施这一计划需要用到从地中海战场调走的全部登陆艇。我准备再
做最后一次努力，希望美方能放弃这一计划，转而支持攻占罗得岛。
　　次日晚间，我再度与罗斯福总统共进晚餐，艾登也一道来了。用
餐时，我们讨论了当前的种种分歧，谈话一直持续到了后半夜。我谈
到了英国三军参谋长的一些看法。德黑兰会议前，罗斯福总统曾向蒋
介石承诺，将尽早实施跨孟加拉湾的作战行动，这一承诺让我方参谋
长极为忧心。若是执行这一计划，进攻罗得岛的计划将会落空，我的
希望将会化为泡影。而我坚信，进攻罗得岛，将成为劝服土耳其参战
的关键条件。然而，罗斯福总统却要坚决实施孟加拉湾行动。英国三

军参谋长在军事会议上谈及此问题时，美国参谋人员干脆拒绝发表意见。他们说，他们必须服从罗斯福总统的决定。

从德黑兰返回开罗后，12月4日下午，我们举行了第一次全体会议，然而，此次会议收获不大。第一个发言的是罗斯福总统，总统一开始就说道，12月6日他便不得不离开开罗。双方签订最终协定所需的各项报告必须在12月5日，也就是星期日晚间准备完毕。当前，亟待决策的事宜，除了土耳其问题以外，便大概只剩下如何利用二十艘左右的登陆艇及其装备的问题，这个问题处理起来相对容易些。在罗斯福总统看来，实在是不应该被这样一个小问题难倒。他强调，一定要将所有的细节问题处理好。

我说，我希望向与会各方阐明，对我们早期兵力分散的情况，英国代表团表示非常担忧。现如今，还有许多关键性问题尚未得出结论。最近几天发生的两件事对于当前战事具有决定性意义：1. 斯大林元帅主动发表声明，德国溃败后，苏联将即刻对日宣战。中国的任何行动都比不上这声明来得可靠，苏联这一表态为我们提供了坚实保障，也使得"霸王"行动的战略意义越发显著。我们将为"霸王"行动的成功实施倾尽全力。参谋人员有必要研究一下，苏联这一决议将对太平洋和东南亚地区产生怎样的影响。2. 另一项极为关键的决议为：横跨海峡作战定于5月展开。在我个人看来，最好在7月实施行动。既然日期已定，无论如何，我都将坚定不移地完成使命，尽我所能确保这一行动在5月取得圆满成功。这一任务的重要意义远非其他行动可比。行动后期，将有一百万美军、五到六十万英军投入战斗。这注定是一场恶战，作战规模之大前所未有。我们必须尽可能增强里维埃拉登陆战（"铁砧"行动）的攻势，为"霸王"行动的胜利提供更为坚实的保障。在我看来，行动开始后三十天左右，整场行动的危急关头将会来临。因此，我们有必要在其他地区尽可能采取一切措施，阻止德军集中精锐部队对抗我方滩头阵地的部队。一旦"霸王"行动和"铁砧"行动的作战部队汇合，便将两者纳入统一指挥之下。

罗斯福总统对我们的讨论做出小结，他认为，我们已就以下几点

达成一致：

1. "霸王"行动不能受到任何阻碍。

2. "铁砧"行动亦不能受到任何阻碍。

3. 若土耳其参战，我们应用尽一切手段为地中海东部战场的行动募齐登陆艇。

4. 应敦促蒙巴顿海军上将，充分利用调配给他的一切资源，继续向前推进并尽全力实施孟加拉湾行动。

针对最后一点，我提议，或许我们有必要把向蒙巴顿海军上将提供的资源，撤回一部分以增强"霸王"行动和"铁砧"行动的作战能力。罗斯福总统说，对于这一要求他恕难从命。于情于理，我们都有责任向中国提供援助。要是没有极为明晰充分的理由，他不会放弃这一两栖作战行动。我回答道，我们在法国的大胆行动，或许算得上这个"充分的理由"。当前我们准备进行的"霸王"行动仅有三个师参加战斗，而我们在西西里岛作战时，首日便派出了九个师。现如今，这项关键行动开始时我方仅占据微弱优势。

随后，我又谈到了里维埃拉作战计划。我表示，应至少派出两个师的兵力参加此次行动。这样一来，我们便会有充足的登陆艇，在意大利发起两翼包抄的作战行动。若不久后，土耳其参战，我们还将攻占罗得岛。接着，我指出，"霸王"行动具有决定性意义，是否要实施东南亚战场的行动，必须要衡量这一行动与"霸王"行动的利害关系。蒙巴顿海军上将的计划中，安达曼群岛一战所需资源之庞大使我非常震惊。既然斯大林元帅已经承诺苏联将会参加抗日战事，东南亚指挥部的诸项行动的价值已然降低了不少，然而，东南亚行动所需付出的代价却是极大的。

随后，参会人员继续就是否举行安达曼行动展开讨论。英国希望放弃此战，罗斯福总统坚持反对英方观点。最终，我们未就此事达成任何结论。对此战的进一步研究则交由两国参谋人员负责。

＊　　＊　　＊

　　12 月 5 日，我们再度召开会议。联合参谋长委员会提交了一份内容为欧洲战场各项行动的报告。罗斯福总统当众宣读了此文件，无人提出异议。于是，远东战场的行动便成了当前唯一悬而未决的问题。罗得岛战役已经取消，我将全力争取"铁砧"行动和地中海战场所需的登陆艇。当前出现了一个新的变数，据东南亚指挥部的估测，安达曼群岛一战所要用到的兵力数目惊人。罗斯福总统说，一万四千人便足够了。然而，此战实际却需要五万人。考虑到如此庞大的兵力需求，在此次会议上，安达曼群岛远征行动一定会被驳回。与会各方一致同意，当前我们应询问蒙巴顿海军上将，假设未来几星期内，东南亚地区绝大多数登陆艇和突击登陆舰都将被撤走，是否有可能实施较小规模的两栖作战。谈到这里，会议便结束了。散会时，罗斯福总统难掩失落。

　　还未等到我们实施下一步行动，此次在开罗的这一僵局，便不攻自破了。当天下午，罗斯福总统同他的顾问们商量后，决定放弃安达曼群岛计划。他私下发给我一条简讯："'海盗'走了。"伊斯梅将军使我记起，当时我私下打电话通知他，说罗斯福总统改变主意并且已经知会了蒋介石时，曾说道："此事后，罗斯福总统更值得敬佩了，能自治其心者，远胜于攻城略地者。"次日晚上七点半，柯克别墅内，全员再度聚齐。会上，我们共同审阅了会议的最终报告，进攻法国南部的行动正式获批。此外，罗斯福总统宣读了他致蒋介石的电报，电报意在告知蒋介石我们决议放弃安达曼群岛计划。

＊　　＊　　＊

　　当晚，我同罗斯福总统一道拟订了一份决议概述，并联名将此文件发给了斯大林。电报内容如下：

首相和罗斯福总统致斯大林元帅：

　　首要战略计划为：向德国发起轰炸攻势，目的在于摧毁德国空战能力，破坏德国军事、工业及经济体系，为横跨海峡作战铺平道路。

　　为了补充法国南部一战所需的两栖舰艇，我们已缩小了定于 3 月份实施的孟加拉湾一战的行动规模。

　　我们已下令，为提升"霸王"行动的作战能力，英美两国应全力提升登陆艇的产量，并从太平洋地区调回了一批登陆艇。

1943 年 12 月 6 日

* 　 * 　 *

　　在将我们的诸项决议通知东南亚指挥部时，我如实告知蒙巴顿海军上将，看到那份由他签署的文件上他和顾问们对所需兵力做出的估测时，我是多么震惊。

首相致蒙巴顿海军上将（德里）：

　　想必您已经看过了罗斯福总统致蒋介石的电报，也知道我们一致同意暂时取消"海盗"行动。之所以做出这一决定，是因为在德黑兰会议上，我们决议集中全部力量实施"霸王"行动，同时在法国南部发起攻势。

　　目前在开罗的全体人员听说您提出需要五万名英美士兵对抗五千名日军，都甚感不悦。我听到后也极为震惊，我怀疑向您提议的军事顾问们并不一定可靠。美军攻占日军所占岛屿时，用兵比例是五比二，而今您的属下们提出的用兵比例是十三比二，这难免会让人心生疑虑。即使看到了您向我提供的详细用兵清单，大家也无法释怀。

　　我希望，马上开始着手进行进攻苏门答腊岛的准备工作，

> 雨季结束后，便正式开始实施。然而，若是依旧沿用您为安达曼群岛战役拟订的用兵标准，恐怕任何形式的两栖作战行动都难以实施。
>
> 1943 年 12 月 9 日

蒙巴顿回应称，最近的登陆行动中，美军兵力都具有压倒性优势，用兵比例从三比一至六比一不等。若是作战时，没有以海岸为基地的空军加以掩护，用兵比例便偏高。攻占安达曼群岛时，海岸上并无空军基地，掩护作战的空军将被搭载在航空母舰上，这样一来，这些飞机很有可能只能坚持四天。因此，四天之内，必须攻下安达曼群岛的空军基地。已经调拨到东南亚战场上的物资足够计划中的五万人使用。然而，最初的两拨攻势过后，仅有九千人可以登陆。因此，他认为，为了尽快取胜，他所要求的兵力并不算过分。他举例说，美军在蒙达登陆时的兵力优势更大，即便如此，行动进展依旧极为缓慢。

这依旧无法说服我。为了将存在争议的焦点问题展示出来以示公正，在这里，我将附上国防部在战后发表的评论，具体内容如下：

> 实施“海盗”行动，即攻占安达曼群岛的战役时，即便从离战场最近的军事基地调派兵力，这批部队也要经过一千英里的航程才能到达东南亚。在这之中，非战斗人员有一万六千人左右，包括准备战事基础设施的人员、建造机场和跑道的人员，以及在码头工作的人员。剩下的“参战”人员之中，还包括了指挥官、工程师和防空兵。作战地区的空中优势掌握在敌军手中。诚然，我们的主力作战部队在数量上远远超过我们估测的日军防守部队，敌我双方兵力比例约为一比四。然而，在那时，对于一场突击登陆战来说，这样的比例算不上太理想。我们不能忽视，在过去的一年中，我方对日作战情况一直不容乐观。就算仅仅是为了鼓舞士气，蒙巴顿勋爵也极为盼望首战告捷，这点恐怕毫无疑问。

* * *

　　联合参谋长委员会还商讨了在抗日总战事上，英国应当承担多少责任。他们将建议写在了开罗会议的总结报告上，递交给罗斯福总统和我审阅。他们提议东南亚指挥部应将主要精力放在缅甸。德国战败后，英国应派遣陆空先遣队，加上驻于澳大利亚的全部空军，前去支援麦克阿瑟将军。英国应将海上作战力量主要用于太平洋地区而非孟加拉湾。英国三军参谋长和我都认为，在缅甸北部发起一场耗时良久的苦战简直是对战争资源的浪费。这场战役的唯一目的是修筑一条通往中国的公路，而这条公路能派上什么用场还不好说。另一方面，他们赞同，再过六个月，等德军全面溃败后，蒙巴顿海军上将才能实施大规模两栖作战行动。美方提出应尽早开始对太平洋战场的支援计划，这一点他们也表示支持。在这份总结报告中，双方参谋人员表示，他们"就原则问题达成一致，将把对日战争的总计划作为进一步调查和准备工作的基础"。这一计划之中，还包括对一支英国分遣舰队的调派问题。当前暂定于1944年6月，将此舰队调至太平洋战场参加行动。罗斯福总统和我都在这份报告上签了名。考虑到还有更为紧急的事务需要处理，罗斯福总统又必须马上返回美国，我们俩再也没能找到机会向我们的顾问征求意见或是两人一起讨论长期行动规划。然而，我们确信，以后一定会找到时间再来审视战争的整体局势。

* * *

　　此次开罗会议上，我们的主要目的之一便是继续同土耳其领导人谈判。12月1日，我曾在德黑兰打电话给伊诺努总统，建议他同罗斯福总统和我在开罗会面，并安排维辛斯基一同出席。11月初，艾登先生从莫斯科返回途中，在开罗暂留时和土耳其外交部部长短暂交流意见，并促成了上述会谈。12月4日，土耳其方面再次来到开罗。5日晚间，我设宴款待土耳其总统。看得出来，我的客人处处谨言慎行。在随后的一些会谈中，更是可以清楚地看出，他的顾问们至今都在深深忧惧德国强大的军事实力。我费尽心思竭力敦促土耳其参战。意大利退出战争后，土耳其参战的利益越发明显，而其面临的风险却小了不少。

12月6日，我起草了一份备忘录交给了英国三军参谋长。在备忘录中，我详细介绍了，若是土耳其参战，我们应制定哪些政策，采取怎样的行动。备忘录内容如下：

首相致伊斯梅将军，转参谋长委员会：

"土星"行动

1. 开罗会议后，土耳其政府将对外宣称其政策保持不变，并将采取一切必要的防范措施以消除敌方疑虑。

2. 与此同时，必须全速开展使用土耳其机场的筹备工作和对土耳其机场的保卫工作，不得有片刻拖延。必要军事人员应身着便装，进入机场，物资也应及时运入机场。做完一切准备工作大约需要六到七周的时间。2月1日后，英国空军中队便会做好飞入该机场的一切准备，具体日期则要根据与土耳其的协商结果和敌军的动向而定。这大概还会腾出两周左右的时间，在这期间，还可继续加紧把更多人员和物资运送过去。

3. 不出意外，1月份便可攻下罗马，其后的一段时间暂无战事。要充分利用这段时间，将三组中型轰炸机交由中东空军总指挥官统一安排，并将其安置在昔兰尼加，以干扰敌军机场、制约敌军航运，并掩护英国空军战斗机中队的"旅程"①。不必考虑"旅程"的具体安排，轰炸机可随时开始行动。但是，倘若敌军没有掀起什么风浪，最好还是保存轰炸

---

① "旅程"，英国空军中队进入土耳其机场的代号。——译者注

机的实力，以掩护空军中队的"旅程"及其后的重要行动。总指挥须负责研究决定这批轰炸机的具体任务及调遣时间。

4. 2月15日前，"旅程"将会结束。"旅程"结束后，我们应提高土耳其防卫空袭的能力，以保障土耳其及空军基地的安全。

5. 与土耳其政府达成一致后，在机场安置完毕的英国空军中队便可在爱琴海地区开展活动，同时，位于昔兰尼加的中型轰炸机亦将前来支援。如若必要，便可强化黎凡特地区的英国海军部队，这批海军将在上述空军部队的掩护下，向敌方舰艇和护航队发起进攻，以斩断敌军在各个岛屿的物资来源。

6. 攻占罗得岛的各项准备工作应同期展开。应分别准备两个英国师用于进攻及攻占后的防守工作，进攻部队须为英国精锐部队，防守部队则可稍弱于进攻部队。这样一来，进攻时便可参加意大利战场的其他行动。毋庸置疑，进攻罗得岛一战能否成功，取决于可用登陆艇是否充足。进攻罗得岛的行动日期应定在2月底前，否则，这一期限过后，所有的登陆艇都要用在"铁砧"行动的准备工作中。

7. 敌军将会作何行动？很明显，不管敌军准备采取什么行动，盟军都希望能够尽可能拖延其行动。土耳其政府应一直与德国及保加利亚保持往来，直到行动展开。若德国和保加利亚提出抗议，土耳其应靠外交途径婉转回应，并同时继续进行各项准备工作。若保加利亚威胁土耳其，应对保加利亚提出警示。即，若保加利亚根据德国人的命令攻击土耳其，苏联将即刻向保加利亚宣战。还可考虑提醒保加利亚，若是德国或保加利亚在君士坦丁堡或士麦那投掷炸弹，盟军必将双倍甚至多倍奉还给索非亚。若苏联军队一路凯歌，继续向苏联南部推进；英美军队也在罗得岛战果显赫，保加利亚很可能放弃对土耳其入侵。然而，保加利亚很有可能撤回驻于希腊和南斯拉夫的九个师，将其调至色雷斯，与土耳其前线部队相抗衡。

8. 在这期间，随着战争局势日益紧张，保加利亚还有可能与三大同盟国单独媾和。在任何阶段，土耳其都最好不要公开宣战，反之，应不断维护防御设施，静待敌军下一步行动。

9. 同一时期内，一旦英国打通了从埃及至土耳其的航路，且掌握了爱琴海地区的制海权，我们便要尽一切努力将物资和支援部队运往士麦那。如果可能的话，最好能通过达达尼尔海峡，以尽快向土耳其军队和君士坦丁堡提供装备和物资补给。

10. 英国空军中队的"旅程"结束后，土耳其政府应协助英国，秘密护送六至八艘英国潜艇及必要物资储备进入黑海。考虑到没有多余的补给舰随行，最好是能将设备基地设在伊斯梅特。这些潜艇将发挥重要作用。若是罗马尼亚军或德军从克里木半岛撤离，这批潜艇将会对这部分敌军造成沉重打击。此外，若是苏军从罗马尼亚海岸登陆，这批潜艇还可加以援助。这样一来，罗马尼亚的政治态度便很有可能动摇。当然，是否实施这样的行动还要看苏联人的计划。

1943 年 12 月 6 日

土耳其代表离开开罗，回国后将这些决议报告国会。此外，双方达成一致，行动开始前，应集中英国专家来实施"土星"行动第一阶段的计划。

*　　*　　*

我们已在开罗举行了多次会谈，然而，罗斯福总统从未提到过那个极为关键、亟待解决的问题，即"霸王"行动的最高统帅人选。这

让我一度以为，我们将遵从原有的协议和安排，马歇尔将军将会出任最高统帅。可是，就在罗斯福总统离开的前一天，我们坐着总统的车前往金字塔参观途中，他很随意地提到说，他不能放马歇尔将军离开美国。马歇尔将军是总统麾下的一员大将。他总领军务、决策战事，在军中的巨大影响力无可估量，是引领战争走向胜利的关键人物。因此，他提议，任命艾森豪威尔将军指挥"霸王"行动，并向我征求意见。我说此事的决定权在他手中。但事实上，我们也极为尊重和信任艾森豪威尔将军，愿意听命于他，将我们的命运交到他的手中。

此前，我一直认为马歇尔将军将指挥"霸王"行动，艾森豪威尔将军则将回到华盛顿接替马歇尔担任陆军参谋长。艾森豪威尔将军也曾听过这种说法，还因为要离开地中海地区前往华盛顿而闷闷不乐。现在，一切终成定局：艾森豪威尔担任"霸王"行动最高统帅；马歇尔将留在华盛顿；一位英国军官则将担任地中海战场总指挥。

霍普金斯先生的传记作者，完整地记下了罗斯福总统最终确定人选的过程，总统踌躇良久，一直犹豫不决，直到 12 月 5 日才做下决定。总统"不顾霍普金斯和史汀生的强烈反对，不顾斯大林和丘吉尔都已经得知早先的倾向，也不顾自己早已将倾向的人选公之于众"。后来，舍伍德先生得到了马歇尔将军战后的一段自述，他从这份自述里做了以下摘录：马歇尔说："回想起来，我们的谈话快要结束时，总统说，'若是你离开美国，我必将整晚无法安眠。'"我们几乎可以认定，罗斯福总统认为，马歇尔将军不能仅为了指挥"霸王"行动便离开华盛顿。

*　　*　　*

我们终于结束了全部工作。我在别墅内举行晚宴，邀请了两国参谋长们、艾登先生、凯西先生等人。谈话间，我记得当时高级指挥人员普遍对战争形势很是乐观，这使我很惊讶。有人认为，希特勒无力应对春季行动，等不到夏季的"霸王"行动开始，德军便会一败涂地。这些观点使我深受触动，于是，我请大家轮流对此发表意见。结果，所有军事负责人都认为德国撑不了多久。三位在场的政治家却意见相左。诚然，战争事关无数人的生死存亡，影响巨大，人们势必会对其产生种种揣测和判断。然而，战争中却总是会出现诸多不确定因素，难以预料。谁能确定在战火纷飞的前线，隐藏在面具后的敌人是否真的弹尽粮绝？敌人的意志力何时才会崩塌？我们又究竟何时才能将其打倒？

＊　　＊　　＊

多日以来，总统疲于公务，一直未找到空闲观光游览。我心想，不看看狮身人面像就离开，实为可惜。一天，喝过下午茶，我诚邀总统，说道："您现在必须跟我去看看狮身人面像。"于是，我们即刻动身，坐车前往景点处。到了以后，我们从各个角度观赏了这一世界奇观，啧啧称奇。暮色降临时，总统和我默默凝视着它，久久不愿移开视线。它只是神秘地微笑着，一言不发。再等下去，怕是也没什么收获。我们便离开了。

12月7日，总统飞离开罗。我来到金字塔旁的机场，为我的挚友送行。

第七章

SEVEN

病困迦太基遗址

飞往突尼斯——身患肺炎——地中海战场及意大利战役总指挥人选——罗斯福总统对指挥者人选表示认同——妻子从英国飞来探望——战争高潮——如何打破意大利战场的僵局——安齐奥战役的缘起——英国三军参谋长同意此次战役——登陆艇问题——圣诞节这天的会议——国内参谋长忧虑重重——我向罗斯福总统报告会议结果

这段时间以来，我一直离国远行，参加各种会议，身体状况一直不佳。行程刚开始便发烧了。几天后，又感冒得厉害，喉痛难忍。在马耳他岛时，几乎整日卧床不起。初到德黑兰，嗓子疼得几近失声。幸亏，没过多久病情便好转了，并未太过影响我随后的日程。回到开罗后，这些症状都消失了。一系列的会议即将接近尾声时，我感觉到自己疲惫不堪。譬如说，洗完澡后，我甚至懒得擦，裹着毛巾便躺在床上，等身体自然晾干。

12月11日，午夜过后，我同随行人员一道乘"约克"式飞机前往突尼斯。按计划，在艾森豪威尔将军的别墅内借住一晚后，第二日便启程飞往意大利，先去亚历山大的指挥部，再去蒙哥马利的指挥部。据报告称，意大利天气状况恶劣，各地向前推进的进程都不太顺利。

次日一早，一行人便飞抵突尼斯机场上空。我们收到信号指示，不能在之前通知的机场着陆，降落地点改在了四十英里外的另一个机场。到达该机场后，我们纷纷走下飞机，随行人员开始卸行李。我坐在飞机旁的公文箱上，清楚地感觉到自己已经筋疲力尽了。这时，一直在之前通知的机场等我们的艾森豪威尔将军打来电话说，信号有误，我们完全可以在第一个机场降落。听罢，我们重新登上飞机，十分钟后便抵达该机场，见到了艾森豪威尔将军。热情好客的将军耐心地等了我们两个小时，一点也没着急。一行人乘车前往他的别墅，那儿离机场并不远。我坐在他的车上，没过一会儿，我便说道："我原计划在您这里住一晚，现在，恐怕我得多待几天。我的身体已经完全撑不下去了，怕是要休息几天，等体力恢复些后再去前线。"

那天，我睡了一整天。第二天，便发烧了。医生看后，说从我肺叶下端的情况看，我应该是患了肺炎。现在正是战局的关键时期，而我却在这片迦太基古城遗迹之中，卧床难起。

* * *

我做了 X 光检查，X 光片显示，我的肺部有一块阴影。还真是没出莫兰勋爵的预料，我的症状都被他说中了。不可思议的是，地中海战场的贝德福德医生、高级医护人员和优秀的护士们都从四面八方赶来了。刚生病时我便服用了 M&B，这种药药效极佳，一周以后，我便退烧了，并且没出现任何不良反应。根据莫兰勋爵的记录来看，当时他还不太确定我的具体病症，然而，我却不这么认为，我觉得自己这次的病情跟 2 月份那次没什么差别。M&B 见效快极了，我亲切地称这种药为莫兰和贝德福德。毋庸置疑，此药是一项伟大发现。这种药发明之后，肺炎再也没之前那么可怕了。患病期间，我一直都在坚持处理公务，需要我做决定时，片刻也未曾耽搁过。

首相致外交大臣：

因高烧不退，我暂时留在这些古遗迹所在地休息。等恢复精神后再离开，接下来的行程也暂未确定。

必须向安哥拉方面明确说明：一、若其无法满足我们在 2 月 15 日所提要求，我们的联盟关系便宣告破裂；二、若其强人所难，所提要求太过分，也将被认定为拒绝同我们合作。

请转告三军参谋长，请他们研究德国能否聚齐足够的兵

力单独向土耳其发起进攻，并向我报告。我认为德国根本办不到。

1943 年 12 月 13 日

首相致罗斯福总统：

我一直发烧，现在转成了肺炎。目前，我正留在您曾待过的迦太基遗址养病。这里的美国朋友们对我尽心尽力，可惜，我还是得承认，我现在身体极不舒服。我希望能尽快决定新指挥官的人选，供您参考。望旅途愉快，身体安康。

请您代我问候哈里。

1943 年 12 月 15 日

罗斯福总统致首相：

听闻您身患肺炎，我甚为担忧。哈里和我都为您祷告，希望您早日康复，远离病痛。我刚刚离开"依阿华"级战列舰，正在前往波托马克河的路上。圣经上说，您必须听从莫兰的医嘱，具体是哪章哪节我现在没法告诉您……当前，没有什么比您的身体更重要了，请您务必听萨拉的话，安心休养。请代我问候萨拉。

1943 年 12 月 17 日

＊　　＊　　＊

身为对战时内阁负责的英国国防大臣，提名担任地中海战场最高统帅的英国军官的责任自是落在了我的头上。我们决议，委派威尔逊将军担此重任。亚历山大将军曾有过在艾森豪威尔将军手下任职的经验，于是，我们任命他为意大利地区的总司令。同时，威尔逊将军的副手，地中海战场的副指挥官由一名美国军官——德弗斯将军担任；艾森豪威尔将军的副手、"霸王"行动的副司令则由空军上将特德担

任。在未来的最高统帅——艾森豪威尔将军将司令部搬迁到法国直接指挥战役之前，横跨海峡作战的进攻部队都继续由蒙哥马利将军指挥。经由内阁批准，我和总统就以上任命完全达成一致协议，一切都进行得极为顺利，有关各方也精诚合作、互助友爱，尽心尽力地完成各自的任务。

有一点我需要加以补充：1944年12月，亚历山大将军接替威尔逊将军担任地中海地区的盟军总司令。就此，我曾代表英国政府提议，任命美国军官马克·克拉克将军担任亚历山大将军的属下，负责指挥意大利地区的全部军事力量。驻于意大利的部队中，有四分之三是英国、帝国或是受英国控制的兵力。事实证明，克拉克将军出色地完成了这一任务。

这些电报涉及了各项任命的安排。详细内容如下：

首相致罗斯福总统：

1. 谢谢您专门来电问候。莫兰的嘱托我都放在心上，我现在身体好多了，但恐怕还是要在这儿再休息一周。

2. 自从我们上次讨论过改编指挥机构的问题后，我便一直放在心上，也同艾森豪威尔、亚历山大和特德讨论过此问题。此外，我还征询了国内同僚的意见。帝国总参谋长正在从意大利回国途中，今天，他暂留此地，与我会面，我们就这一问题进行了长谈。最终，我列出了以下人选供您参考，若您能赞同，我相信大家也不会有什么异议的。

3. 一直以来，我都认为应由亚历山大接替艾森豪威尔，担任地中海地区盟军总司令。然而，帝国总参谋长、艾森豪威尔等人却看法不同。他们认为，亚历山大或蒙哥马利无法在担任总司令的同时，兼顾攻下罗马后在意大利战场的诸项战事。亚历山大将军自己也认同这一点。我也这样认为。

4. 因此，我提议由威尔逊将军接替艾森豪威尔，担任地中海地区盟军总司令。另安排以下军官在他手下任职：

（1）阿尔及尔战役总指挥：某位美国军官。我们听说您不必费太多心力，便能将德弗斯将军从目前的岗位调走。

（2）驻意大利部队总司令：亚历山大。

（3）"铁砧"行动总指挥：克拉克。我们清楚，这是您和马歇尔将军中意的人选。

（4）诸项援助事宜的总负责人：一位英国少将——负责向南斯拉夫、铁托和希腊人民等提供援助。

（5）中东总司令：佩吉特（如今在指挥英国国内部队）——负责地中海战场内的各项行动，以及土耳其行动。

5. 盟军空军总司令应由您指派一位美国军官担任。阿诺德经过此地时，曾跟我提过布里尔顿和埃克。这两人都是很好的选择，然而，若是埃克担任总司令，他将很难兼顾轰炸行动和"霸王"行动的各项准备工作。空军副总司令兼地中海地区英国皇家空军总司令则由肖尔托·道格拉斯担任。

6. 协助地中海地区总司令工作的有：

（1）墨菲先生和麦克米伦先生，他们二位将通力合作。

（2）达夫·库珀和威尔逊：负责法国事务。

（3）国务大臣或继任中东总司令者：负责中东地区战事。

7. 几周后，比德尔·史密斯将在艾森豪威尔手下任职，他将担任驻英部队总参谋长。他原有的职位将由另外一名英国参谋长接替。请您决定是否需要一位美国军官担任地中海地区的副总司令。

8. 您将会看到，亨利·梅特兰·威尔逊爵士是我经过慎重考虑后决定的人选。他资历深厚、精力充足，能将配合行动的重任托付给他，我是十分满意的，帝国总参谋长也十分信任他。当我在开罗向您提及这项任命时，您似乎也觉得不错。

9. 再来看"霸王"行动的部署，考虑到空中实力将会在

此次行动中发挥关键作用，我提议，由特德担任艾森豪威尔将军的副手，艾森豪威尔将军也一定会同意这项安排的。战时内阁希望，蒙哥马利将军负责指挥第一次远征行动的部队。我同意战时内阁的这一安排，蒙哥马利是一位英雄人物，家喻户晓。若他指挥战役，英国人民必将满怀信心，美国人民也一样。

10. 我恳切地希望，您能尽快回复这些提议，或者就关键人物发表意见。"霸王"行动的最高统帅需要尽快入职，我也希望能尽早安排威尔逊接替艾森豪威尔的工作，或是安排威尔逊提前入职，以处理交接工作的各种细节问题。

1943 年 12 月 18 日

罗斯福总统致首相：

1. 我赞同主要指挥官的人选，并希望在 1 月 1 日将以下任命公之于众：艾森豪威尔担任"霸王"行动最高统帅；特德任副司令，协助艾森豪威尔；待到艾森豪威尔报告意大利的各项情况满足交接条件后，威尔逊接替艾森豪威尔担任地中海地区总司令；埃克担任地中海地区空军总司令。

2. 我希望，各项次要指挥官的人选推迟到 1 月以后再行宣布。马歇尔几天后便会回到华盛顿，我想找机会和他讨论一下这些人选问题。

3. 听到您身体状况好转，我甚为高兴。我希望能与您在马拉喀什会面。希望您已经派人去取您的画笔了。

1943 年 12 月 20 日

*　　　*　　　*

这些天，我着实难受极了。退烧没多久，就又发起烧来了。我投身于处理种种战争要务，忘却了病痛的存在。医生们想拿走我床边的文件，被我拒绝了。他们总是唠叨不停地说："不要工作，勿要劳心。"既然如此，我便决定读本小说来消磨时间。很久以前，我读过简·奥斯汀的《理智与情感》，现在，或许可以看看她的《傲慢与偏见》。萨拉在床脚边为我朗读，声调优美极了。我一直觉得，这本书比我之前读的那本要好些。书中主人公的生活是多么平静惬意。不必担心法国大革命，也不用在拿破仑战争中奋力求生，这些人只要尽力控制内心的情感，以高雅的修养去理解那些不幸便好。用这本书来做M&B的药引子再好不过了。

一天早上，萨拉并未像往常一样坐在床脚的那个凳子上。我准备叫人把我的电报箱拿来，偷偷处理一些公务。这时，萨拉进来了，与她一道进来的还有她的母亲。此前，我根本不知道我妻子会从英国飞来看望我。她赶到机场，准备乘坐双引擎的"达科他"式飞机。天气状况糟糕极了，幸好比弗布鲁克爵士有所警觉。爵士先是去机场，阻止了我妻子乘坐那趟航班，直到调来一架四引擎的飞机，才送我妻子乘这趟飞机离开（我一直认为，长途跨海飞行最好还是乘坐四引擎飞机）。正值隆冬季节，飞机上也没有取暖措施，我妻子这趟旅程一定受了不少罪，好在终于平安到了。乔克·科尔维尔一路护送着她，我大部分事务都是由随行人员管理的，人手一直不够，他来了可算是帮了大忙。罗斯福总统发电称："请代我向克莱米致意，她来照顾你、陪着你，我就放心了。"

*　　*　　*

卧床休养时，我意识到我们正面临着整场战事的高潮之一。当前，"霸王"行动是世界上最重要的事，全力筹备"霸王"行动也是各国应尽的责任。虽说如此，但我国大部分派往国外的兵力都驻于意大利，难道因为"霸王"行动，必须要放弃在意大利战场的一切努力吗？我们在此地费尽心力，收获颇丰，共计百万甚至百万以上的英国军队、英国指挥下的军队以及盟国军队参加了意大利战场的战事，现在难道要将其弃之不用吗？在我看来，对横跨海峡作战来说，意大利战役相当于是忠诚牢靠的同伴，也是不可或缺的帮手。美国人那种清晰明了、逻辑性强、波及面广的大生产式思维方式在此处很是适用。在生活中，人们总是先被教导着"集中力量处理主要矛盾"。这确实是我们走出迷茫、跨入正轨的开始，然而，也仅仅是个开始罢了。在战争中，接下来便要统筹兼顾，促使一切行动互相协调配合，时刻充分利用好全部战斗力。我们将全部精力和战斗力都用在了这场至关重要的横跨海峡作战之上，我相信，若是1944年前半年间，我们在意大利战场对敌人造成有力打击，必将对横跨海峡作战大有助益。然而，任何参谋长若要用到某些资源，都必须得说些陈词滥调才能获批，譬如说其很"重要"或是"关键"，就好像我们主要作战目标的成败就取决于那些资源。举例说来，就连争取一二十艘登陆艇都困难重重，就好像离了这些登陆艇，我们的主要行动就无法取胜一样。

照我看来，解决这一问题容易极了。英国掌握的全部舰只都将用来把美国派出的士兵和提供的武器装备运至英国。意大利战场庞大的作战力量，海上运输根本运不完。这批兵力应留在意大利战场上发挥其作用：要么便轻易攻下意大利，随即攻入德国核心地带；要么则将吸引大批德国部队赶来意大利支援，致使在5月底或6月初（具体日期视月光及潮汐情况而定），我们发起横跨海峡作战时，德军无法腾出兵力用于防守。

*　　*　　*

从东海岸到西海岸，在长达八十英里的战线上，德国军队一直在负隅顽抗，意大利战场一度陷入僵局。艾森豪威尔将军很早就想从侧翼发起两栖作战行动。他曾计划派一个师从台伯河南部登陆，向罗马突进，同时，主力部队发起攻势加以配合。然而，当前主力部队僵持难行，登陆地点距离较远，大家一致认为一个师的兵力并不够用。毋庸置疑，一直以来我都非常推崇"端线外侧迂回进攻"的战术，当然这是美国人的叫法，我给这种战术起了个昵称叫"猫爪"。这一策略一般适用于掌握制海权的情况，我还从未将其成功用于沙漠战场的战事中。然而，巴顿将军沿西西里岛北海岸向前推进时，曾两度利用海上优势实施此策略，颇有成效。待在迦太基和马拉喀什时，我离前线很近，可以召集所有的主要指挥官开会。

这个方案得到了很多军事人员的赞同。艾森豪威尔已经在大体准备实施这一方案了。然而，新接到"霸王"行动最高统帅的任命后，他现在的关注点和对战役的重视程度已然产生了变化；亚历山大即将担任艾森豪威尔的副手，并将负责指挥意大利的部队，他认为，这一计划不仅合理且非常必要；比德尔·史密斯总是热情积极，在方方面面都提供了很大帮助；约翰·坎宁安上将负责指挥全部海上力量；特德是空军总司令，他们和比德尔一样甘于奉献。这些军官好似一把把利剑，必将在地中海战场上披荆斩棘。此外，我相信，英国三军参谋长也一定会支持此项计划，获得他们的认同后，我便可以请求战时内阁批准这一方案。当一个人无法直接下达指令时，就必须要经过长期艰苦的努力才能实现目标。

定于 5 月实施的"霸王"行动神圣不可侵犯。就在一个月前，我们在德黑兰会议上承诺，"霸王"行动的实施不能受到任何阻碍。陆军、空军和海军都不成问题，若要说可能遇到的障碍，便是坦克登陆艇。然而，运输坦克只不过是登陆艇职责中的一小部分罢了，广义来说，登陆艇问题也将车辆登陆艇包括在内。我与白厅和华盛顿三方之间密电往来，就此问题讨论了许久。我们之间争论得激烈极了，但逻辑却极为清晰，或许将来某一天，某个军校学生会仔细读读这些密电。在这里，我仅对此作简要介绍。为顺利实施"霸王"行动，我们对坦克登陆艇进入英国的时间进行了准确推算，并要求在这一时间内将坦克登陆艇运至英国。自然，我们也留出了一定的伸缩余地，以防意外发生。在策划军事行动时，如果不对战争各个阶段的伸缩余地稍加控制，那么所有的行动或许都将无法进行。但若是所有人在每个阶段都要求留有一定的余地，那么都加在一起，则几乎什么事都办不成。

12 月 19 日，我开始着手解决这一问题。我原计划同帝国总参谋长一道前往意大利，拜访蒙哥马利的指挥部，但迫于病情，我滞留在迦太基。而现在，他已经结束了意大利之行，正在回国途中了。这天，他来到迦太基看望我，我们进行了深入讨论。我发现，虽然我和布鲁克将军看待问题的角度不同，但得出的结论却是一致的。我们就战争策略达成一致，并决定分头展开工作。我将负责与位于各个战场的指挥官进行沟通；他则将尽全力克服国内的重重阻碍。随后，布鲁克将军乘飞机返回伦敦。我向三军参谋长发电报，内容如下：

首相致三军参谋长：

　　我急需一份列有地中海地区所有类型的登陆艇的全部清单，并标明各个登陆艇目前的具体状况和用途。尤其要核查清楚，是否大批登陆艇都仅忙于物资的运输工作，而完全无法进行两栖作战。当前意大利地区所有行动都陷入停滞状态，这无疑会遭人笑话。这是我所能预料到的最坏的情况了，帝国总参谋长来访时，证实了我的这一猜想。我们完全没在亚得里亚海岸地区开展任何两栖作战行动，也没能在西线实施类似的行动，这简直糟透了。

　　三个月来，地中海战场的登陆艇一直闲置着，并未用于任何行动中：未回国备战"霸王"行动，未用于进攻爱琴海诸岛，也没有参加意大利战事。不管是在哪场战争中，都很少会出现将如此宝贵的战争资源弃之不用的情况，单论此次战役亦是如此。

1943 年 12 月 19 日

很显然，三军参谋长也持有同样的看法。听完布鲁克将军的报告后，22 日，他们做出回应，内容如下：

　　我们一致认为，您的意见非常正确。这批登陆艇不能再

继续闲置下去了。无论从哪个方面考虑，我们都必须采取一定措施，加速开展相关工作。就像您所说的，解决当前状况的最佳方案便是充分利用两栖作战实力，向敌军两翼发起进攻，开辟至罗马的通路，使我军得以迅速向前推进。

1月15日，"霸王"行动所需的登陆艇将被撤回。即便如此，艾森豪威尔将军手中掌握的登陆艇，依旧足够运输略多于一个师的兵力发起两栖作战。他计划在罗马正南方登陆，向敌军后方展开攻势。然而，这一计划的缺陷在于：只有在第五集团军与作战部队距离够近、足以发起支援时，登陆计划才可成行。但若我们能够增派登陆艇，登陆行动的作战能力便会大幅加强，这样一来，便也无须等待援军了。不仅如此，若登陆行动的作战能力得到加强，整场战役亦将获益匪浅，对部队快速向前推进也大有帮助。由此，我们认为，为此战准备的登陆艇，至少要能供两个师的兵力登陆。

您希望获得登陆艇的各项信息，为此，我们已致电地中海地区总司令，请他提供相关情报。我们非常希望，艾森豪威尔将军此役能精简部分兵力。但若我们必须为他提供足够运输两个师的登陆艇的话，就必须另作打算了。

东南亚战场上仅留了小批登陆艇，其余大部分登陆艇已在回地中海战场的途中，这批登陆艇或可解决艾森豪威尔将军的燃眉之急。

后文中，他们解释道，若要实施这一计划，便不得不放弃攻占罗得岛的计划，此外，计划在缅甸若开海岸实施的小型两栖作战行动也将无法成行。他们最后说：

若以上思路能获得您的批准，我们提议将其呈交给联合参谋长委员会，以便尽快将这些想法付诸实践。

*   *   *

这样一来，我们便必须仔细检查一番我方现有的战略资源。进攻安达曼群岛的计划取消后，原计划用于作战的登陆艇便可另作他用。现在，这批登陆艇已有部分在经印度洋海域前往地中海地区的途中。剩余部分则将回国为"霸王"行动做准备。这些行动无一不是我们的当务之急。

我实在不愿放弃攻占罗得岛的计划。先前我们也曾同伊诺努总统谈过这一计划。在土耳其问题上，我们必须付出更多努力，想方设法促成这一行动。此外，行动结束后，我们也要抓紧撤回登陆艇以备战"铁砧"行动，即进攻法国南部的战役。土耳其方面一直保持中立，到了 12 月 23 日，我已经能逐渐接受土耳其的态度了。同天，我在迦太基向三军参谋长复电，内容如下：

> 当前，艾克已将他的主要精力放在了"铁砧"行动上。你们会看到，当你们还在为意大利地区的行动忧心不已时，他已经对"铁砧"行动翘首以盼了。我认为，若是在土耳其不加以配合的情况下实施爱琴海计划，我们所要付出的代价颇大，行动进展将极为缓慢，我们或许不得不放弃这一计划了。然而，我希望无论如何都要慎重行事，仔细考量全局战事后再作定夺。这会儿，亚历山大来看望我了，今天我还想和艾森豪威尔见见面。过几天，我想请"大个子"（威尔逊将军）在回国途中顺道来我这儿一趟。我希望再好好研究研究这些问题，过个三四天再作定夺。若是土耳其踌躇不决，罗得岛行动被迫取消，我们便必须要在罗马发起一场大型两栖作战行动，同时也要在达尔马提亚海岸发起攻势，尤其是要清除阿戈斯托利和科孚岛的敌军。我们绝不会为了里维埃拉行动而舍弃罗马。我们必须两地都要拿下。

这期间，我与亚历山大进行了一番长谈。一些人认为，他并不热心于安齐奥登陆战。他反驳说，这完全是无稽之谈。在他看来，问题的关键在于怎样运载两个师的兵力参加登陆战，他非常希望这一问题能够得到解决。当时，比德尔·史密斯也来了，他说若是把空降部队也算在内的话，或许便可足够运载两个师了。若是运输工具的问题得到解决，并在明天或后天制定战略，1月的最后一周，便可在亚历山大的指挥下发动进攻。由此，登陆艇便又成为其中的掣肘。我问史密斯，为何不将用于"霸王"行动的登陆艇留到2月15日以后再调走。他回答，要是再延期，就是第三次了，他不能再次提出这样的要求了。这一点我却并不在意。

目前，地中海地区共有一百零四艘登陆艇。然而，为筹备"霸王"行动，大部分登陆艇都将被调遣回国。到1月中旬，便只剩下三十六艘了。若是要运载两个师的部队，至少需要八十八艘登陆艇，就算到那时，还会从印度洋海域再调来十五艘登陆艇，也是远远不够的。4月前，再也没有多余的登陆艇可供使用。由此，唯一的解决办法便是将准备用于"霸王"行动的登陆艇再多留用三个星期。若是妥善计划，做到实施这个办法的同时，既不影响"霸王"行动，也不妨碍里维埃拉登陆战，还是大有希望的。

*　　*　　*

24日，三军参谋长给我送来一份报告，报告中详细阐明了他们的观点。此外，还附有一份决议草案，准备交给他们的美国同僚。他们就战略计划达成了一致，只是担心美方必定会提出异议。

他们的决议如下：

我们恳请联合参谋长委员会批准：

1. 将进攻安达曼群岛余留的船只和舰艇调至地中海地区。

2. 应尽快下达指令，安排实施下列计划：按时抵达地中海中部的战略资源应由地中海盟军总司令统一安排。这些运输工具将被用于运载两个师的兵力参加两栖作战行动，作战目标为攻占罗马并使部队向比萨—里米尼一线推进。行动结束后，我们将会有充足的时间撤回这些资源，并将其用于进攻法国南部的战事。

3. 在现有的基础上，继续坚持与土耳其谈判。同时，放弃爱琴海地区的两栖作战行动。

4. 将上述决议通知蒙巴顿海军上将，并向他下令：蒙巴顿海军上将应充分利用留给他的战略资源，在其所负责的战场上实施行动，并制订行动方案终稿。

*　　*　　*

当前，战局如此紧张，却只有国防部的霍利斯将军伴我左右。这段日子里，他真是我的左膀右臂。英国皇家海军的一员——鲍尔舰长担任约翰·坎宁安海军上将手下负责战略计划的副参谋长。他也向我提供了许多帮助。当前，军中存在着很多争议，严重阻碍了我们制定战略决议，鲍尔将军拟订了一份切实可行的报告，将这些争议通通平息了下来。坎宁安将军也完全赞成他的提案，报告内容如下：

　　地中海地区现有的登陆艇部队皆训练有素。这批登陆艇不仅参加过至少两次作战行动，还承担过许多额外的任务，例如运输工作，并多次在海岸、船坞及码头上负责装卸。这批登陆艇上配备的人员经验丰富，十分熟悉密集型作战中的航行要求，也经常参加此类演习。唯一的缺陷在于，这些海员对潮汐问题并不熟悉，对潮汐水域上的装卸技巧也不够了解。不过，他们都是非常出色的海员，只要简单加以引导，适当训练便可熟练掌握解决新问题的方法，并不需要在"霸

王"行动前另加训练了……从地中海地区的作战经验来看，行动正式开始前十一天再将登陆艇和参战部队配对也不算太迟：首次装载部队用去三天，预演用掉六天，还剩下两天可供再次装载……

我预计，对于这批经验丰富的船员来说，留出七天的时间用来进行潮汐训练已是绰绰有余了。

因此，训练任务仅需三周便可尽数完成……"霸王"行动前，他们的准备时间是很充足的，只不过没法立刻整修登陆艇了。

*   *   *

我将各位指挥官们聚在一起，详细讨论了当前的各项问题，耽搁了些时间。直至 24 日午夜过后，我才终将下述提案发回国内。提案内容如下：

首相致三军参谋长及第一海务大臣：

今晚，我同威尔逊将军、亚历山大将军、特德空军元帅及他们属下的军官举行会谈，主要讨论了安齐奥问题。

我们一致认为，只有保证一定的战斗规模，作战行动才能获得成功。由此看来，我们至少要准备两个师的兵力参加作战。行动日期定在 1 月 20 日左右。我们并不打算向罗得岛发起攻势。依照原计划，共计五十六艘英国登陆艇要在 1 月间或 2 月 1 日离开地中海地区，回国备战"霸王"行动。我们坚持认为，当前唯一可行的方案便是推迟这批登陆艇的调离时间，但同时，延期时长将被控制在一个月以内。十五艘登陆艇将从孟加拉湾调遣回来，这批登陆艇怕是赶不上参加安齐奥行动了，但不久之后，它们便将在"霸王"行动中发挥重要作用……

在我的要求下，鲍尔舰长拟订了一份方案。我希望，各位参谋长们能尽早对此方案进行研究。鲍尔提出的方案或可有效节省将参加"霸王"行动的这批登陆艇为行动做准备的时间。这个方案得到了今晚的参会人员的一致认同。从这一方案中可以看出，鲍尔舰长准确把握了当前战争形势，他的建议具备一定的可行性……

1943 年 12 月 25 日（午夜十二时三十分）

起初，三军参谋长们顾虑重重。他们提出了种种细节问题，细节往往又决定着成败。此外，他们曾拟订了一份草案，对当前形势做出分析，他们"诚挚地希望"我能够批准这份草案，以便向联合参谋长委员会提交此份草案。我认为，只有我们在国内先就全部重要问题达成一致的意见，才能征询盟国意见。由此，我向三军参谋长作出答复，详细内容如下：

首相致三军参谋长：

我曾同海军上将、盖尔将军及他们的参谋们详尽研究了当前形势。若想要派遣两个师的兵力参加安齐奥战役最开始的登陆战，便只能将五十六艘登陆艇再多留三个星期，留到 2 月 5 日。这批登陆艇部队已在地中海战场上久经磨砺，登陆战训练经验并不算少。请你们研究后向我说明，将这批登陆艇留用三个星期和一个月的利弊；以及调回这些登陆艇后每天具体对其作何安排……我希望你们能安排好海军工厂，以便每个月能整修二十五艘登陆艇。

安齐奥一战能否成功取决于有多少兵力参加最开始的登陆行动。若是参加登陆行动的有整整两个师再加上伞兵部队，那么所有与第五集团军正面抗衡的敌军部队的交通线都将被切断，这将对整场战役发挥决定性作用。这样一来，敌军便不得不从与第五集团军相抗衡的前线撤离，向登陆部队发起

攻击，否则便难逃溃败的厄运。我们若想实现这一目标，便至少要派遣两个师的兵力参与作战。考虑到天气状况变幻莫测，登陆部队至少要携带足够四天所需的给养品。我们并不打算在海岸上展开耗时良久的消耗战，而是希望能在一周或十天内便将整场战事推向高潮……

在我们对当前最为关键的问题，即推迟五十六艘登陆艇的回国时间达成一致意见前，你们向联合参谋长委员会发报丝毫起不到什么作用。意大利一战的成败取决于这一方案能否成行。

1943 年 12 月 26 日

12 月 27 日，三军参谋长做出回应。他们详细解释了种种忧虑的原因，且理由充分。此外，他们还补充道："我们认为应该如实告诉您：若是我们直言不讳，将当前观察到的真实情况告诉美国三军参谋长，要想顺利通过他们那关去实施这些计划可绝非易事。"

*　　*　　*

在迦太基度过的那个圣诞节，整个上午我们都在开会。艾森豪威尔、亚历山大、比德尔·史密斯、威尔逊将军、特德、约翰·坎宁安海军上将及其他一些高级军官出席会议。令我遗憾的是，第五集团军的指挥官马克·克拉克将军未能参会。这真是个不小的疏忽，毕竟最终将由他所率的部队执行整场战役，他理应对战局背景有所了解。我们一致认为，行动之初的登陆战至少要有两个师参加。我认为这两个师应由第八集团军派出。利斯将军即将接替蒙哥马利担任第八集团军的总司令。在我看来，两栖登陆作战部队所面临的人员伤亡风险较大，这种情况下，我所统率的英国部队理应首当其冲。这样一来，登陆战部队将不再是英美混合部队，而是由清一色英国人组成。

战局中的大小事宜都要根据登陆艇的情况来定。几个星期以来，我们在制定所有战略决策时，都受到登陆艇问题的限制。再加上"霸王"行动的开始日期不可变更，不到一百艘的小型舰艇的调配、修理及改装也要花不少时间，这样一来，所有的计划都面临着重重束缚。从来往的电报中可以看出，虽然吃了不少苦头，我们最终还是理清了头绪，走出了困境。说句实话，这些关键行动占据了我绝大部分的时间和精力，这就导致我并未对"猫爪"战略引起重视，未能为其争取到必要的地位，我甚至都没敢要求实施"猫爪"战略。事实上，目前可掌握的登陆艇，足够我们实施各项计划之需。在我看来，若是军事机构不再漫天要价，在不会妨碍其他行动的前提下，省下来的军事资源便足够供我们在台伯河以南发起更大规模的登陆行动，并且行动还将具有高度机动性。当然，我们筹划上述安排时，不仅没有违反常规军事要求，并且还研究得出了调离登陆艇为"霸王"行动做准备的具体日期。毋庸置疑，制订这一计划时，我们自是考虑过冬季途经比斯开湾回国时恶劣的天气状况，也充分留足了整修登陆艇的时间。我所提出的要求并不过分，若是我要求留出能运载三个师的登陆艇，会被拒绝也是理所应当的。人这一生，理应知足常乐，最好还是把该做的事做好。

*　　*　　*

虽然处理起来非常棘手，我们还是必须直面这一事实：五十六艘登陆艇返回英国的时间需延期三周。雪上加霜的是，"霸王"行动的开始日期被定在 5 月。这两个时间形成了鲜明的对比。在下列电报中，各位读者可以看到我们首次提到了 6 月 6 日这个时间。

首相致三军参谋长：

　　我筹划任何行动前，都会确保其不会对定于 5 月举行的"霸王"行动产生任何影响。我相信，只要我们坚持不懈，积极应对，上述目标便一定能够实现，各项问题也将得到解

决。虽说如此，我还是要告诉你们一个绝密消息：艾森豪威尔和蒙哥马利均表示，他们对现在了解到的"霸王"行动现行计划极为不满。据我了解，他们理想中参加首次作战的部队规模远比当前计划中的大得多。我认为，若是他们仔细研究行动计划后，很有可能要求推迟行动时间。当前定好的行动日期是"5月间"，然而，若是负责指挥这一行动的司令官想要借6月月光之便，要求将行动延期到6月6日左右，并且可以证明，延期后对我方更有利，这样一来，盟国能否做出让步，允许行动延期一星期便不得而知了。无论如何，行动前的空袭必须在5月间展开，不得延期。

我们应当警惕，决不能为了迎合"霸王"行动的开始时间，便放弃我们在意大利战场的决定性战役。毕竟这一日期很有可能因为其他重要原因而被推迟。艾森豪威尔甚至表态称，一旦他掌握了行动的实际指挥权，有权对此问题做出决断时，他便会即刻向斯大林发电报，请求适当延迟行动日期。这完全是他个人的决定，我并未插手，我一直严格遵照我们在德黑兰会议上制定的方针行事。我希望你们能向我提供更多帮助。上述内容请严格保密，此事只限于你们以及战时内阁国防委员会中工作的三位大臣，艾德礼先生、艾登先生和利特尔顿先生知晓。

1943年12月26日

迦太基这场至关重要的圣诞节会议结束后，我向罗斯福总统发去电报，也向英国国内发回了一封内容相近的电报。电报中，我慎重甄选了一些基本事实，坦言相告。

今日，我同艾森豪威尔及他下属的各项高级官员举行会议。现将会议内容报告如下：

若亚历山大将军能如愿获得足够运载两个师的运输工具，

他将按计划于1月20日左右发起安齐奥登陆战。此战有很大的希望能重创敌军，对罗马战役发挥决定性作用。然而，行动开始那天，第五集团军及第八集团军可能无法及时赶到阵地支援，若是运输工具不足，导致只有不到两个师的兵力参加登陆战，此战则无异于自取灭亡。

若要顺利运载两个师的兵力，我们便需要用到八十八艘登陆艇，少一艘都不够。要想凑齐这个数目，便只能将原定于1月15日离开地中海的五十六艘登陆艇的调离时间延期至2月5日，到那时再由护航队护送这些登陆艇回国。从印第安返回的十五艘登陆艇赶不上此次登陆战。然而，我们不能忽视这批登陆艇的重要意义。这批登陆艇不仅可以替换受损舰艇，还将在备战"铁砧"行动时发挥重要作用。

我们可以采取种种应急手段，以弥补延期的这三个星期所带来的损失。不仅如此，"霸王"行动原计划的兵力的集结亦不会受到影响。

这五十六艘登陆艇已在地中海地区闲置了许久，而今，在它们可以起到决定性作用的那周，却将它们调走，这显然是非常不合理的。还有什么比让意大利战局再继续僵持三个月，令部队停滞不前更危险呢？整体战局在向前推进，意大利战场的任务却尚未完成，我们怎能弃之于不顾呢。因此，与会人员一致认为，我们应当竭尽全力，在1月20日左右，保证两个师的兵力参加安齐奥战役，并应尽快向亚历山大将军下令，安排他开展相应的准备工作。若我们错失这一机会，1944年地中海地区整体战事必将以失败告终。因此，我诚挚地希望，您能同意五十六艘登陆艇延期三周回国的计划。我们将命令全体军事机关全力以赴，确保"霸王"行动能在5月间如期展开。

权衡利弊得失之后，我认识到罗得岛及爱琴海地区的诸项行动不得不被放弃，这使我很是遗憾。不仅如此，为了能

够集结三个师的兵力参加法国南部登陆战，"野猪狩猎"计划，即进攻缅甸西部若开海岸的计划，可能要变成"野猪受困"计划，我对此甚是痛惜。但若不这样做，意大利战局将会陷入停滞，其后果将更为惨痛，这更是我所不愿看到的。

1943 年 12 月 25 日

此时此刻，一切问题都悬而未决，我身负重任。带着这些未竟的使命，我离开迦太基，飞往马拉喀什。

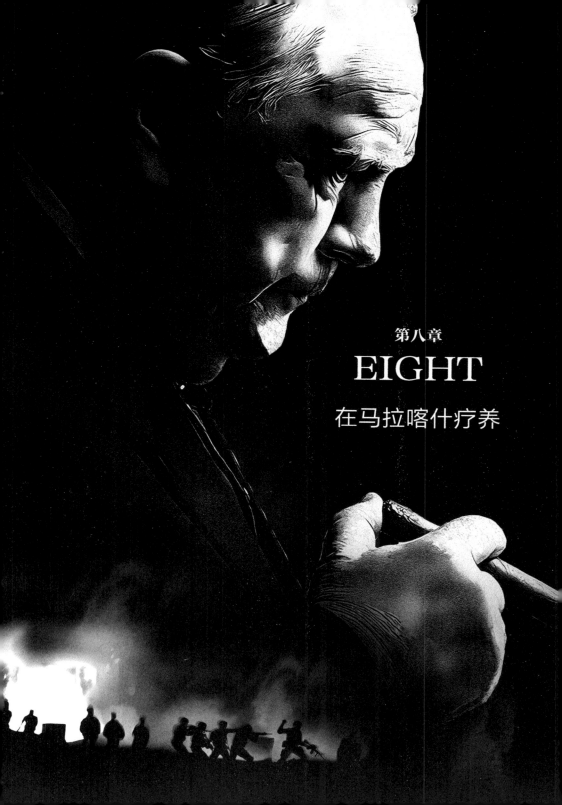

第八章

EIGHT

在马拉喀什疗养

飞往马拉喀什——喜讯——"霸王"行动开始的日期——美国伞兵旅——蒙哥马利来访——在马拉喀什召开关于安齐奥战役的会议——罗斯福总统发表意见——重谈波兰问题——贝奈斯总统来访——敬献贝奈斯——同戴高乐将军的友好往来——苏联要求分得部分意大利舰只——折中方案——于安齐奥战役开始前回国

按照莫兰勋爵的嘱托，圣诞节后，我的身体状况或可允许我离开迦太基。但是，我必须另找某地再疗养三个星期。一年前，结束了卡萨布兰卡会议后，我曾与罗斯福总统一道住在马拉喀什一栋小别墅里，那里真是个让人喜爱的地方。要说疗养，马拉喀什最合适不过了。上述所有行程都已在过去的几天中安排妥当。来到马拉喀什后，我便前去叨扰驻于该地的美军军部。大家觉得，我在迦太基待得太久，很容易被敌人定位。为了防止德军 U 型潜艇发起突袭，在别墅前的海湾中，一直有小型舰艇密切巡逻。此外，敌军还极有可能发起远距离空袭。冷溪近卫步兵团派出一个营负责我的安保工作。病痛缠身、公务繁忙的我并未对此多加过问。依我看，我一定能在我心爱的马拉喀什恢复体力。特德为我打点好了飞往马拉喀什的行程，他安排得甚为妥帖。照医生们的嘱托，我最好不要在六千英尺以上的高空飞行。据此，特德将军特意安排了穿越阿特拉斯山的航线。12 月 27 日清晨，我心情不错，第一次重新穿回了我的制服。正要走出大门时，我接到了一份电报，内容为："沙恩霍斯特"号被击沉了。这真是个天大的好消息。我停住脚步，口述了一份致斯大林的电报：

首相致斯大林元帅：

驶向苏联的北极运输船队给我们带来了好消息。昨天，德军企图用"沙恩霍斯特"号战列巡洋舰截击我方船队，然而，在舰队总指挥弗雷泽海军上校的号令之下，我方"约克公爵"号（三万五千吨载重的超级战舰）切断了"沙恩霍斯特"号的退路，一鼓作气将其击沉。

我的身体好多了，正准备去南方疗养。

1943 年 12 月 27 日

几天之后，我收到了回电。电文中，他的语气恳切，感情真挚。文末，他说："我愿紧紧握住您的手。"

别墅外面，冷溪护卫队严阵以待，场面宏大壮观。我突然意识到，即便是经过护卫队，爬上汽车，对我来说都十分困难。在此之前，我从未意识到我的身体已被病痛折磨得如此脆弱。据天气预报来看，近日将是大晴天，于是，我们计划在六千英尺的高空飞行。然而，飞近突尼斯高地上空时，我看到团团云朵簇拥起来，不一会儿，便聚集起了一片乌云。几个小时后，航线所及之处多被烟雾笼罩，见不到多少阳光了。一直以来，我都很是厌恶那些所谓的实心云层，这些云层之下掩藏着山脉。若仅是为了照顾我，而将飞行高度保持在六千英尺以下，我们必须绕过这些错综复杂的山脉。这对其他同行人员来说，可真是不太公道。于是，征询了莫兰勋爵的意见后，我叫来飞行员并告诉他，若是遇到山峰，那么，在接下来一百英里的航程中，至少将飞行高度提升到最高峰的两千英尺以上。一位经验丰富的医护人员还为我拿来了专门为此次航行准备的吸氧机。于是，我们向着晴朗的平流层飞去。一路上，我的身体没有出现任何不适。约四点钟，我们顺利降落在马拉喀什机场。严格遵照指令飞行的第二架飞机，则艰难地穿越了各个峡谷和山口，一路险象迭生，多次掠过高耸的山峰。在这样的高度中飞行，天气状况自是极为恶劣。我们抵达后一小时，这架飞机平安降落了。然而，飞机被刮掉了一个门，几乎机上的所有人都疲惫不堪。他们本可以在一万二千或是一万一千英尺的晴空中享受舒适的旅程，然而现在却因为我受了这么多苦，冒了如此大的风险，这着实让我过意不去。

我的新居舒适极了，甚至称得上奢华，相关人员也极为妥帖周到，我真是满意极了。然而，我却始终惦念着一件事——罗斯福总统将对我发的电报作何回应？一想到在地中海战场上，几乎所有的行动都受到制约，无法策划行动时机，各项安排的轻重缓急也被忽视，我等待回信的心情便越发焦灼了。我希望在意大利海岸开展一次大胆的冒险行动，为此，要将原定于 5 月 1 日的跨海峡作战时间延期三周，若是处于月相考虑，则另外再加一周。行动的指挥官赞成我的提议，三军参谋长也一直对原则性问题表示同意，现在，我们已就细节问题达成一致。虽然我还无从知晓，美方将会对"霸王"行动延期四周的请求作何回复，但当一个人筋疲力尽时，往往还是能睡个好觉的。

*　　*　　*

次日，我接到了罗斯福总统的回电。不得不承认，我在高兴之余，还是有些意外。电文如下：

罗斯福总统致首相：

我们要确保"霸王"行动为第一要务，并严格遵照在开罗及德黑兰商定的日期发起行动，在此前提下，美方同意推迟五十六艘登陆艇回国备战"霸王"行动的调离日期，以便在 1 月 20 日发起安齐奥登陆战。我们应尽可能采取应急措施，以防此项安排对"霸王"行动的准备工作产生不良影响。为此，我们应当将参加"霸王"行动的另外十二艘登陆艇如期撤离，并安排原定于 1 月 14 日离开安达曼群岛抵达地中海的十五艘登陆艇直接回英国。我赞成暂时搁置罗得岛及爱琴海的行动，等实施"铁砧"行动后再考虑向罗得岛发起进攻。英美苏三方曾在德黑兰达成协议，因此，未得到斯大林的批准前，我不能单方面同意将兵力和装备用于他处，以免耽搁"霸王"行动和"铁砧"行动的顺利实施。

1943 年 12 月 28 日

我回复道：

首相致罗斯福总统：

感谢上帝，您的决定真是棒极了。这样一来，我们便可以再次团结起来，精诚合作，为共同的伟大事业而奋斗不息。

我国三军参谋长曾向我报告，若按照原定数目抽调登陆艇参加安齐奥行动，所造成的局面是海军可以应对的。今天，英国三军参谋长将致电联合参谋长委员会，阐明各种细节问题。此时此刻，我们的口号是"全速前进"。

经历了一万三千英尺的高空飞行后，我的身体没有任何不适，昨日，抵达了我们的别墅。美国人民极尽地主之谊，热情款待，我的生活真是舒适极了。就在刚刚，马克斯（比弗布鲁克）也从英国飞抵此地。我打算在这里多待一阵子，尽情享受阳光，休养身体，等完全康复以后再离开。

1943 年 12 月 28 日

为促成"猫爪"策略，位于国内的三军参谋长们着实付出了不少心血，海军部更是费尽心力。收到复电后，我迫不及待地向他们道贺。亚历山大将军所要求的八十八艘登陆艇，有八十七艘得到了批准。罗斯福总统的电报简直让人喜出望外。我深信，单就罗斯福总统的善意还不足以促成此事。马歇尔沉着冷静，分析全局；艾森豪威尔虽将离任，却仍在关心地中海战场的安危；比德尔·史密斯见识广博，据理力争，积极地活跃在外交事务中。我该向他们致以敬意。

当天，亚历山大向我们递交了行动计划。同马克·克拉克将军，

以及第一次世界大战帝国总参谋长的儿子、军需长布莱恩·罗伯森将军协商后，亚历山大决定参战部队由一个英国师和一个美国师组成。英美双方各自派出一半的装甲部队、空降部队和特种部队，总指挥则由一名美国军官出任。行动日期定于1月20日。他会提前十天，在卡西诺发起大规模攻势以牵制德国援军。行动主力部队将随之跟进。他所制订的这一计划令我十分满意。到目前为止，一切都进展顺利。

＊　　＊　　＊

然而，我认为此事还另有回旋余地。我致电三军参谋长，电文如下：

> 我为适当调整"霸王"行动的开始日期所做诸事，无一不遵从着德黑兰会议所定协议。各方当初拟订的时间为5月20日，5月5日这个时间完全是个新的说法。根据我们同斯大林达成的协议，行动日期定在5月31日前的任意一天都是可以的。若是照艾森豪威尔的建议，我觉得定在6月3日着实是个不错的选择。这天盟军可趁月相之便，再加上这是当前委派的行动指挥官所提出的要求，这就更有说服力了。目前，我们还不必对此详加讨论，但关于行动日期的这一问题还是有一定的回旋空间的。
>
> 请告诉我，5月5日和6月3日这两天，兵力的集结情况有何差异。我要再次强调，这种想法丝毫没有推迟行动的意思。另外，此事要严格保密。

三军参谋长回复称：

> 依照"霸王"行动现任指挥官们所定计划，在5月5日左右展开行动，各项条件才可完备。然而，这一日期并非最

终决议。即使是登陆艇延期回国，或是未完成整修，导致 4 月 13 日这天登陆艇未能集结完毕与进攻部队会合，"霸王"行动的开始时间也不会晚于 5 月。

您所提议的各项安排，自是不会影响到在 5 月份展开行动。虽说如此，为此所做的日程安排还是相当紧凑的。我们并不会违背德黑兰会议上所达成的任何一项协议，因此，现阶段也就没必要征询苏联人的意见了。

对此，我所做回复如下：

只要行动在 5 月 31 日前开始，便并不会违背协议。6 月 3 日与 5 月 5 日月相相同，照我看来，若是在 6 月 3 日正式展开攻势，也可算作履行了协议。虽说如此，定在 5 月 5 日当为最佳，这样一来，我们便会多出一个月的行动时间。

1943 年 12 月 30 日

* * *

这时，一个新的重要问题出现了。

首相致陆军元帅迪尔（华盛顿）：

1. 亚历山大来电如下：克拉克正在为安齐奥战役制订计划。同往常一样，一些难题暴露了出来。譬如，我们似乎无法留用美国五〇四伞兵旅，艾森豪威尔也不愿强行将其留下。目前，这支部队正在前线作战。我既无法立刻另派部队替它作战，又承担不起延期将其调至那不勒斯地区的后果。不仅如此，这批部队缺乏作战经验，急需训练。

2. 艾森豪威尔正同马歇尔待在一处，您能否征询他们二位的意见，允许美国五〇四伞兵旅完成这项极为关键的任务

后，再回国备战"霸王"行动。这支部队将要承担的是具有决定性意义的空战任务，对伞兵部队来说，这样的机会并不多。此时，在他们能够建功立业的关键时刻，他们却要被调走，这可称不上是慎重的决定。待到行动结束后，他们便可即刻回国备战"霸王"行动。而此刻在国内，我们为"霸王"行动而集结的空运部队和伞兵已经是运输机能运载的两倍之多。请将后续答复转告我。

1944 年 1 月 3 日

马歇尔将军对上述安排表示支持。然而，我们所做的牺牲却白白浪费掉了，具体原因请参见下文。

＊　　＊　　＊

蒙哥马利将从意大利返回英国，受我委任，负责"霸王"行动的指挥工作，这项工作可是个不小的挑战。我曾叫他在回国途中途经马拉喀什时，跟我见个面。诚然，若是某一将军受到国家委派承担相应责任时，若无特殊理由他理应无条件接受。但同时，并没有任何习惯法规定，他必须满怀热情地接受任命。我曾有幸在英国近卫步兵第一团服役，服役期间，接到任何命令，我都只会回答一个字："是。"只不过，每次喊出这个字时，声调语气却不尽相同。这次我交给蒙哥马利的是一项集庄严、危险于一身的重任，是我们无法逃避的一仗。看到蒙哥马利接到这项任务时满怀热情，跃跃欲试，我终于放下心来，欣慰极了。他抵达马拉喀什后，我们经历了两小时的车程，来到了阿特拉斯山脚下享用野餐。清晨，我便将摩根将军和位于伦敦的英美联合参谋人员历时多个月研究出的详细计划交给了他。他大致浏览了一遍后，便马上说："这计划不行，必须要增加行动初期的兵力。"经过充分论证，我们根据他的意见进行了一系列安排，事后，这些都被证明是没错的。很显然，他对此次行动充满信心，这自是让我很满意。

　　这时，各位女士都到了，空气清新怡人，阳光温暖和煦，溪水泛着粼粼波光，从我们身旁掠过。而今，我们疲于战事、劳顿不堪，在这样的环境中享用午餐，好似在无边无际的沙漠中寻到了一片绿洲。没过多久，我便想进山中看看，于是，我们开车沿着崎岖的山路，缓慢地向我所知道的一个景点挪去。亚历山大将军并不喜欢这样，他走下车，徒步向山上爬去。照他的话说，是要"时刻锻炼自己"。我提醒他，大战即将来临，还是不要过多耗费精力。我还强调说，体格再棒也没法补充脑力；适当运用精力，切勿过分消耗；运动和制定谋略可不是一回事儿。我说得再多，他也听不进去。这位将军兴致勃勃，在岩石中灵活穿梭，好似机敏的羚羊。看到这一幕，我深信，有这样的将领在，一切都会顺利的。

＊　　　＊　　　＊

　　新年来临之际，我与罗斯福总统通信，互致问候。

首相（马拉喀什）致罗斯福总统：

　　最近，我收到弟弟杰克的一封信，您送的那棵圣诞树被安置在了契克斯别墅，杰克唠叨了不少这棵树的事儿。我的孙辈们，还有许多别人家的孩子都住在那里，他们玩得开心极了。当时，怀南特也在场，他答应写信将详情讲给您听。非常感谢您送的这份礼物，对了，还有您送我的那个精美的地图盒，我真是迫不及待想看看了。我们在这栋美丽的别墅中住得舒适极了，我的身体也恢复得不错。今天天气不错，阳光明媚，但最令我开心的莫过于您的来电，针对一些琐碎却严峻的战事问题，我们二人总是不费什么力气便能达成一致看法。亚历山大报告称，他同克拉克一道研究制订了安齐奥战役的可行计划，参战部队将由英国第一师、美国第三师、空降部队和装甲部队共同组成。我对他的计划非常满意。让我们共经风雨、共担风险、共享胜利。

那天，我还收到了佛朗哥和铁托的电报，他们分别祝贺我恢复健康。您对此怎么看呢？

萨拉也同样感谢您的问候，并请我代她向您致意。

1943 年 12 月 30 日

令人遗憾的是，罗斯福总统却染上了流感，卧病在床。

罗斯福总统致首相：

现在，全美范围内都在流行一种轻型流感，我也染上了，已在床上躺了两三个星期，好在我病得并不算重。

听闻您平平安安地住在别墅里，我便安心了。我有个法子，在新年那天，您把这两位向您道贺的先生请到别墅，将他们二位锁进我们观赏日落的塔顶小屋里。然后，您在下面看着，红黑双方（分别指铁托、佛朗哥）究竟是谁能把谁扔出塔外。

1943 年 12 月 31 日

首相致罗斯福总统：

听闻您不幸患病，我深表遗憾。您曾不厌其烦地劝导我谨遵医嘱，现在，我也诚挚地希望您能遵从麦金太尔医生的嘱咐，服从医务人员的安排，安心养病。

别墅真是棒极了。医生希望我再留在这儿休养三周。虽说天气凉爽，阳光却明媚耀眼，厨师的厨艺果真了得。我们常常去山上野餐。上周，艾森豪威尔回美国见您途中，暂留此地与我会面，我们俩聊了很久。正巧，蒙哥马利也在这儿，他回英国途中留在了这里。在我看来，我们的作战团队当真棒极了，他们一定会通力合作。

要说塔上那场角力赛，我还暂时没法安排，红方显然比

黑方要老道得多。

　　请允许我在新年来临之际，向您致以最美好的祝愿。今年我们不仅将迎来胜利，也将进一步开拓双方合作共赢之路。

　　代克莱米和萨拉问候您。

1944 年 1 月 1 日

＊　　＊　　＊

　　虽然备战安齐奥战役的关键问题，即登陆艇问题已经解决，但是，谈到如何使用这批登陆艇时，我们却发现，还有种种细节问题亟待解决。于是，我们便对此展开了严肃认真的讨论。

亚历山大将军致首相：

　　从突尼斯返程途中，我曾与克拉克将军会面，不久前才刚刚回国。现如今，一些重要问题业已凸显，为此，我忧虑万分，必须请您出面相助。情况是这样的：若是最开始的登陆行动结束后，便将参战的登陆艇调走，只留下六艘，我们便无法将两支登陆部队及其作战所需的交通工具全部运至岸上……照我的联合作战经验来看，最初的攻势固然重要。然而，此战过后，敌军必然会发起反击，整场行动能否成功便取决于登陆战的作战力量能否及时集结，以抵抗不可避免的反攻。面对德军的抵抗，在安齐奥战役中，我们至少要派出两个师的兵力实施登陆战。若是这两个师能够全副武装、及时在岸上集结，我们自是乐意派出这些部队的……为了实现目标，我们愿承担任何风险。若是这两个师被德军包围，我们自然不能扔下他们不管。而此时此刻，支援所需的登陆艇却正在地中海的某地航行，无法赶来救急……我和克拉克坚信，若是作战资源充沛，我们很有希望干成一番大事。这里所指的作战资源便是十四艘登陆艇，在安齐奥战役的主力部

队和第五集团军赶来前，这些登陆艇将承担运输工作。不仅如此，登陆后十五天内，我们还另需十艘登陆艇，向这两个师提供枪支、坦克及其他装备，使他们足以与德军相抗衡。某种程度上，这将会影响到"铁砧"行动的备战工作，然而，与此战的收获相比，这些代价也就不算什么了。

1944 年 1 月 4 日

因此，我将行动的相关负责人员召集在马拉喀什，分别于 1 月 7 日及 8 日召开了两次会议，比弗布鲁克勋爵、威尔逊将军、约翰·坎宁安上将、亚历山大将军、德弗斯将军、比德尔·史密斯将军等人参会。前阵子，鲍尔上校一直在伦敦，他同三军参谋长一道，理清了错综复杂的登陆艇问题，刚刚才回来。现在，他的上司——坎宁安上将完全赞同他的计划，而他也双手赞成我们的方案。鉴于此，我在 8 日致电罗斯福总统，电文如下：

> 两次会议过后，我们两国的相关负责人员，以及三军将领，已就所提议的行动计划完全达成一致意见。大家精神状态极佳，资源储备方面也没什么问题。小组委员会趁两次会议间的空隙，透彻地研究了行动将涉及的方方面面……我们计划将两个师送至岸上实施登陆战，接着，派遣第三个师机动作战，以切断敌方交通线。
>
> 不出意外，在不影响备战"霸王"行动及"铁砧"行动的前提下，若是天气状况良好，我们便有机会实现上述目标。此外，2 月底前，我们还将留有足够的登陆艇以支援行动部队。愿上帝与我们同在。
>
> 威尔逊将军于今日正式接任地中海总司令一职，他已令下属各位指挥官着手实施以上方案，并已将此事呈报联合参谋长委员会。

我们订立的所有计划，都是以在 5 月某日（代称 X 日）开展"霸王"行动为前提的。然而，依我看来，6 月 3 日（代称 Y 日）的月光条件极佳，"霸王"行动定在这天实施更为合适。艾森豪威尔将军路过马拉喀什时，也倾向于我的意见。他认为，这样一来，他和蒙哥马利将会有更充裕的时间，来统筹安排用于首次登陆行动的大批兵力。这使我很高兴。我已致电罗斯福总统，将所有问题一一陈述，还提醒他，勿要忘记我们在德黑兰的会谈和所达成的协议。

首相致罗斯福总统：

5 日清晨，比德尔·史密斯、德弗斯二人来访。比德尔告诉我，他和蒙哥马利一致认为，德黑兰会议前，我们议定了里维埃拉登陆战的规模。与其将此行动的规模扩大，倒不如增派兵力参加"霸王"行动，扩大行动规模。这个想法，他也告诉了艾森豪威尔和英国三军参谋长。这是我意料之中的事，我一直认为，当司令官亲自接手指挥工作时，他们一定会对计划做出相应调整。事实证明，他们所做的修改将成为未来决议的重要根据。目前，我们虽初步拟订了"霸王"行动首战的规模。正如你们所知，我一直希望能增派更多兵力参战。

照我目前所掌握的情况来看，我认为，最早符合行动条件的日期便是 6 月月圆之夜。若是连指挥官们都认为，这天获胜机会更大，那我就不明白为何要反对了。德黑兰会议上，三军参谋长们建议的日期是 6 月 1 日或 5 月 31 日，我们两人则留了更大的回旋余地，将其表述为"5 月间"。同斯大林会谈时，我们从未提过 5 月 5 日或是 5 月 8 日，一直跟他说的是 5 月 20 日左右。此外，我们也从未将行动中每个阶段的分界日期具体到某一天。若是现在，我们确定下来，将行动开始时间定在 6 月初，我想，无论从哪个方面来看，都算不上违约。不管怎样，5 月间，我们都会发起佯攻，并开始轰炸。

我想，斯大林还是很通情理的，并不会计较这四十八个小时。

另外，6月份气候较为干燥，更利于斯大林发起大规模攻势，以配合"霸王"行动。我们应该扩大行动规模，这样一来，获胜的概率也会大大提升。我请莱瑟斯代我向您提议，再组建一支北极护航队，若美方能提供船只和物资，英方愿提供护航舰。实际上，我们已经提前做足了准备工作。

我觉得，目前还不必联系斯大林。再过几周，等到艾森豪威尔将其最终方案报上来后，我们便要立即把相关情况完完整整地告诉斯大林，包括"铁砧"计划的所有改动。还要告诉他，我们所陈述的全部内容都已得到相关指挥人员的赞同。

1944 年 1 月 6 日

这封电报事关重大，一周以后，我收到了罗斯福总统的回复。我们并未就电报中所涉内容多做争论。在为安齐奥战役而举行的会议上，我们制定所有决策时，都以保证在必要情况下，"霸王"行动能尽早举行为前提。总统收到了一份报告，报告中完整记录了我们在此次会议中的所有决策。

罗斯福总统致首相：

依我的理解，在德黑兰会议上，我们曾向斯大林承诺："霸王"行动将在 5 月间展开，同时，将在法国南部集结尽可能多的部队登陆以作支援。他也答应：与此同时，苏联将在东部前线展开攻势。

我认为，现在我们还不应做出任何推迟行动的决议。尤其考虑到负责行动的指挥官——艾森豪威尔和威尔逊还尚未找到机会，彻底研究所有可能发生的情况，并做出最终决议。在此期间，我们不能跟斯大林提及任何与此相关的话题。

我们在德黑兰会议上已就此问题达成一致，现在仅过了

一个多月，就要再把这个话题拎出来讨论，肯定会让人心里
不舒服的。

1944 年 1 月 14 日

16 日，我回复说："看到我们二人的意见完全一致，我真是高兴
极了。"

*　　*　　*

我在迦太基病得太重，到了马拉喀什后，一直被后遗症折磨，身
体虚弱极了。所有的绘画工具都送来了，可是，我却没精力去弄这些。
就连走几步路，都成了难事。天气怡人的时候，我们会在阿特拉斯山
的山脚下野餐，我颤巍巍地下车走到野餐处，不过八十到一百码的路
程，便已经是极限了。一天二十四小时，我有十八个小时躺在床上。
身体像这般疲惫，虚弱不堪，还是记事以来的头一次。躺下来休息的
念头实在是太诱人了，人们也不停地劝我休息，有时我甚至要被赶着
去休息。泰勒的别墅真是个疗养胜地，设施一应俱全，身处其中真是
莫大的享受。周到的主人与莫兰勋爵、罗斯福总统以及战时内阁一道，
为精疲力竭的我提供了如此诱人的疗养地，然而，我却依旧不得不分
心处理战事。

*　　*　　*

波兰问题在德黑兰会议上备受关注。我在迦太基时，曾就此问题
致电艾登。

首相致外交大臣：
　　在我看来，现在是时候由您出面，同波兰人谈谈边界问
题了。请告诉他们，因为身体原因，我无法亲自出面，于是

委派您代表我参加会谈。您需要讲讲我们的规划，并在地图上展示：东部边界的大致划分；西部的奥得河线边界，含奥波莱地区。这样一来，他们便得到了如此广阔的领土，东西纵横三四百英里，海岸线虽始于哥尼斯堡以西，总长度却超过了一百五十英里。当然，波兰人要明白，这仅仅是一项非常粗略的初步建议，若是他们够聪明，便不该拒绝。即便他们没能得到利沃夫，我也劝他们听从英美朋友的建议，接受此方案。还要再强调一点，只要波兰接手奥得河以东的德国领土，并牢牢守住，他们便奠定了与苏联实现友好往来并与捷克斯洛伐克保持密切联系的良好根基，为欧洲的团结稳定做出贡献。这样一来，波兰复兴的前景将比以往任何时候都更加光辉璀璨。

若是波兰将接受并签署这些提案，我们得到消息后，便会立刻同苏联协商，争取将细节敲定，达成最终方案。若是波兰将此方案弃置不顾，我觉得英国政府也不会再为他们争取更多的权益了。过不了几个月，苏联军队便有可能越过波兰战前的边界线。波兰政府最好能在此之前，同苏方建立友好关系，并初步解决战后边界的相关事宜，这点极为关键。我十分期待波兰政府的回应。

1943 年 12 月 20 日

*　　*　　*

现如今，贝奈斯总统正从莫斯科赶往伦敦。正如本书中所写到的，我们二人的接触可不算少。回想起来，1936 年，他曾提醒斯大林，苏联的亲德分子正在酝酿一场阴谋，意图谋反。那时候，他这句话可起了关键作用。不管怎样，他和苏联人向来保持着最为友好亲密的关系。我邀请他在回程途中，顺便来马拉喀什看看我。他对东欧战局的理解很是到位，因此，谈到波兰问题，以及苏联应对波兰采取怎样的措施时，着实应该听听他的见解。二十多年以来，贝奈斯先后担任捷克斯洛伐克外交部部长及总统。他在任期间，一直是法国及西方各国忠诚的盟友，更难得的是，他与斯大林也保持着联系。然而，英法两国抛弃了捷克斯洛伐克，战前里宾特洛甫又同莫洛托夫签订了苏德互不侵犯条约，只剩贝奈斯一人苦苦挣扎。后来，过了很久以后，希特勒进攻苏联，作为苏联可靠的老友，捷克斯洛伐克终于被记起来了。1938年，苏联本可以为了捷克斯洛伐克同德国一战。不管过去曾发生了什么，现如今这两个国家都同样遭受了重创。

我身处马拉喀什的住所中，沐浴着和煦的阳光，同我的这位伙伴——一位成熟的欧洲政治家交谈，真是十分惬意。1918年，我第一次见他，那时，他陪在马萨里克左右。马萨里克是一位伟人，他成立了捷克斯洛伐克，他的儿子不幸为国牺牲。此刻，贝奈斯自是对战事持乐观态度。

我将我们的谈话转述给了罗斯福总统，详见下文：

贝奈斯来访，在他看来，苏联的形势非常乐观。一直以来，他深得苏联信任。或许，他能在劝说波兰人理清得失，同苏联达成和解的事宜中发挥关键作用。他带来了一份新地图，斯大林在图上用铅笔勾画出了波兰的边界线：东部从哥尼斯堡直到寇松线；北部边界包含沃姆扎及比亚韦斯托克；南部边界却并未包含伦贝格（利沃夫）；西部以奥得河为界，奥波莱的大部分地区都被包含在内。这样一来，波兰的国土面积便超过了三百平方英里，海岸线则沿波罗的海绵延两百五十英里，这片广袤的国土足可供波兰人民安居乐业。待到回国后，我便会即刻想尽一切办法同波兰政府协商，敦促其早日接受此方案或类似方案。若其接受此方案，波兰便必须负责在奥得河一线设防，以防德国再度侵略苏联。此外，波兰还需尽全力帮助此方案顺利实施。欧洲各国曾两次救波兰于危难之间，波兰也是时候做些回报了。若是我能在2月初便将此事办妥，待到波兰派人访问您之后，一切就都尘埃落定了。

苏联人对贝奈斯可谓照顾有加。捷克斯洛伐克恢复了慕尼黑会议前的边界线，仅在两处稍作调整：出于军事原因，北部山脉的边界划分略有变动；东部边界有小范围领土与苏联相连。

1944 年 1 月 6 日

此次同贝奈斯会面后，我便再未见到他。在此，我必须要向他致敬：构成西方文明的主要原则，正是他坚持奉行的思想和奋斗目标。执政二十年来，他始终对祖国大业忠贞不渝。他是一位优秀的公务员，也是一位出色的外交官。面对长期以来的困境，他知道该如何应对，他耐心等待、不屈不挠。那次，在关键时刻，他未能当机立断，惨遭滑铁卢，他本人和他的国家都遭受重创。作为一名老练的外交官和政治家，他过于圆滑了，不敢孤注一掷，因而错失良机。若是他在慕尼黑阶段便果断迎击，希特勒便要耗掉更多时间来组建军队并凑足装备，这样一来，德国或许便不会在第二次世界大战中占尽先机。

* 　 * 　 *

12 月间，"自由法国"运动的负责人将佩鲁东、布瓦松及弗朗丹逮捕入狱。为此，我们与戴高乐将军的关系极为紧张。我下定决心，回国前，一定要设法与戴高乐重修旧好。新年来临之际，我曾邀请他于 1 月 3 日共进晚餐并在别墅过夜。我说道，"我们二人早就该好好聊聊了，可惜一直没找到合适的时机，何不借此良机聚聚呢。我妻子也在这里，若是戴高乐夫人愿一道前来，岂不妙哉？"显然，戴高乐将军认为我的邀约太突然了。他婉拒说实在脱不开身。我也本该清楚，在北非时，他绝不会在法国官邸以外的其他任何地方留宿。就这样，此事便被搁置了下来。后来，听说他会在 1 月 12 日抵达马拉喀什，我再次邀请他共进午餐。这次他应邀前来。我们的来宾还有达夫·库珀先生和黛安娜夫人、比弗布鲁克勋爵、英国驻马拉喀什领事奈恩夫妇。赴宴时，戴高乐将军心情好极了，他用英语和我的妻子打招呼，用餐期间讲的也一直是英语。为表诚意，我全程都用法语跟他沟通。

　　午餐过后，各位女士一道去逛街了。戴高乐、我，还有其他男士则留在花园里谈了很久。亟待解决的事务中，很多都是敏感话题，我觉得，或许自己说法语会比较方便。事后，奈恩先生将当时一些情形记了下来："当时，丘吉尔先生悄悄用英语跟奈恩先生说，'我法语讲得挺不错的吧？将军英语讲得那么好，肯定能听懂我的法语。'他说话声音虽不大，在场人却都听得清楚。话音刚落，戴高乐将军大笑，大家也都跟着笑成一片。接着，首相继续讲法语。生性多疑的戴高乐将军也放下了防备，表现得热情友好，开始认真聆听丘吉尔先生的意见。"

　　我们讨论的内容极广，话题不失严肃。我向他提了一连串的问题：为何要将落入他势力范围的法国著名人士赶尽杀绝？难道他没意识到，他给自己在美国制造了多少麻烦？难道不知道，罗斯福总统多么生他气吗？难道不知道，美国的帮助及其友好态度是多么重要？他为何要采取诸如此类的多余举措，为自己的事业徒增烦恼？只有依靠强有力的政府，他才可以生存下去，为何却偏偏要触怒这些国家？这里提个细节：我为了方便处理事务，专程从法国将乔治将军带来，他为何要将乔治将军驱逐出委员会？听到这里，戴高乐回应道，他已经授予乔治将军法国荣誉军团勋章。我问道，乔治将军对此作何回应？他回答，"他尚未做出任何回复"。说实话，对此我一点都不意外。谁又知道乔治将军是否真的被授勋了呢？尽管如此，我们当天的谈话却是在非常融洽的氛围中结束的。分别时，戴高乐将军说，明早将专门为我举行一次阅兵仪式，请我前来参观。我欣然应允。次日清晨，我和戴高乐站在小型检阅台上，看着大批法国及摩洛哥部队从台下走过。阅兵仪式进行了一个小时，马拉喀什的当地居民纷纷跑来围观，掌声欢呼声不绝于耳。

*   *   *

德黑兰会议后，还遗留着另一项难题亟待解决。我们早已见识过，斯大林是如何要求瓜分意大利舰队的。大家记得，罗斯福总统当时好像提过要分给斯大林三分之一。对此，英国三军参谋长颇不满意，他们和苏联同僚商谈时，从未谈到过三分之一。罗斯福总统一直因为自己提的这个"三分之一"而忧心忡忡，他未作隐瞒，如实向我说明了全部情况：

罗斯福总统致首相：

哈里曼曾问过我，我们将采取怎样的措施，以履行 2 月 1 日前将意大利舰队移交苏联的承诺。他希望我能做出回复，若是被莫洛托夫问到，他也好有话说。这事儿我之前也曾跟您提过。当时，我告诉他，我打算把俘获的意大利船只的三分之一交给苏联，以供战时之需。2 月 1 日起，只要能腾出来舰只，便会尽快送至苏联。

后来，哈里曼提醒道，在德黑兰会议上，斯大林不过是重申了其在 10 月份的莫斯科会议上所提要求，即：一艘战列舰、一艘巡洋舰、八艘驱逐舰、四艘潜艇——将用于苏联北部；载重总额四万吨的商船——将用于黑海。不管是在莫斯科，还是在德黑兰，他都没有再提额外的要求，更没说要分到三分之一的舰艇。因此，我在 12 月 21 日对他说的话，哈里曼并没有太当真，也从未和莫洛托夫提到过三分之一这个数字。

哈里曼还强调称，我们必须尽快履行协议，早日将这些舰只移交苏联。在他看来，我们若是违约或是延期，只会让斯大林及苏联官员横加猜忌，怀疑我们在德黑兰会议上所做承诺是否真实可信。

然而，三军参谋长却意见相左。他们的理由是，若是这些船只被调走，很可能会对在此期间的各项行动产生不良影响。他们担心，强行调走舰队，可能会引起意大利舰队和官兵的反抗，"铁砧"行动及"霸王"行动所需的宝贵舰艇，或许会被他们凿沉或是砸烂。他们认为，此时将舰队调走，根本无法为苏联的军事行动带来任何实质利益。当前，这批战舰几乎无法在苏联北部水域航行，商船甚至都无法进入黑海。

　　海军上将坎宁安等人改进了我们的协议书。这份修订后的协议规定：同盟国有权在其认为适当的情况下，对部分或全部意大利舰艇做出调配。这部分条款还是相当明智的。我们应当遵守对盟国做出的承诺，获取盟国的信任，这一点自然是非常重要的。由此，我认为，我们应当采取措施，想办法按苏方要求，自 2 月 1 日左右起，陆续将意大利舰队移交至苏联。

　　若我们如实告诉斯大林，三军参谋长认为，此事可能会对"霸王—铁砧"行动产生不良影响，并提议待到"霸王—铁砧"行动开始后，再将意大利舰队转交给他。您觉得这样做是否明智？鉴于当前地中海战场的战事处于英国的指挥之下，我尤其希望听到您的意见，此外，也希望我们能够就将要实施的行动问题完全达成一致。毋庸置疑，只靠我们其中一方单独处理此事，是根本无法解决的。在我看来，我们最好还是不要失信于斯大林，相信您也会表示认同的。

1944 年 1 月 9 日

　　这封电报中的内容有些含糊。若是照 10 月份协定的舰艇数量来算，我自是没有意见。但若是照那个笼统的三分之一来算，我便不能答应了。由此，我向罗斯福总统回电：

首相致罗斯福总统：

您提出，在意大利舰队的问题上，我们不应对斯大林失信，这一点我完全赞同。一周以来，我一直在同安东尼通信沟通这个问题。我希望在一两天内，拟订一份方案给您，以便你我二人联名向斯大林发报。

1944 年 1 月 9 日

就我个人而言，我完全赞同大西洋两岸参谋长们的观点。这支舰队曾毅然驶向马耳他，向我们投诚。若是现在立刻便将其调走，可能会伤害意大利人的感情，破坏意大利和盟国之间的良好合作关系。1943 年一整年的时间里，我不仅希望意大利投降，更希望它能同我们一道，携手推进战争的进程，共同解决欧洲在将来要面临的种种问题。因此，我准备恳请战时内阁和海军部门，与其此时让意大利人失望，倒不如让英国做些牺牲，将英国舰队调到苏联。虽然这样做会严重损害英国的利益，但我认为，长远来看，这将为我们的事业发挥重大作用。同国内反复沟通后，国内同僚和三军参谋长均表示支持我的意见，这真是让我由衷地感到高兴。太平洋战场的重担全都压在了美国人头上，再让其出力实在是不太现实。对比起来，"沙恩霍斯特"号被击沉后，当前不仅在地中海地区，而且在国内及北极海域，英国都有充足的海军部队闲置。跟国内同仁达成一致后，我便即刻向罗斯福总统发报，提出以下几点建议：

首相致罗斯福总统：

1. 我清楚地记得，在德黑兰会议上，我们仅向苏联人承诺，履行莫斯科会议上的协定，将一艘战列舰、一艘巡洋舰、八艘驱逐舰、四艘潜艇和总计载重四万吨的商船移交给他们，从未提过"三分之一"这个数字。

2. 但是，三军参谋长所提出的问题确实存在，这些问题也极为关键。我认为，若是斯大林能够明白我们的意图，相

信我们是出于好意，他便很有可能允许我们采取最快捷的手段将此问题圆满解决。

3. 因此，我提议，你我二人联名向斯大林说明：

（1）……联合参谋长委员会认为，若是现在我们开始移交意大利舰艇，或是向意大利人透露相关消息，这或将危及我们三国的利益。话虽如此，若您审慎考虑后，仍希望我们照原计划行事，我们将秘密同巴多格里奥交涉，以完成必要的准备工作……移交舰艇时必须遵照以下方案：选定的意大利船只，先驶入某个适当的盟国港口，由苏联工作人员接收。苏联北部港口是苏联当前唯一开放的港口，舰艇必要的改装工作只有在这里才能完成。因此，苏方人员接收到舰艇后，需将这批舰艇驶入此港口。

（2）然而，我们清楚地意识到，上述方案风险重重。由此，我们决定另外提出一项方案供您考虑：

近期，英国战列舰"皇家君主"号在美国改装完毕，此战舰所装雷达适合所有火炮装备使用。此外，英国当前另有一艘巡洋舰可供使用。英国政府愿在2月份，将这些舰艇经由英国港口转交给苏联工作人员，并由他们驾驶至苏联北部港口。您可以对这些战舰进行必要的改装以适应北冰洋地区的情况。在不影响军事行动的前提下，这些舰艇将暂时租借给苏联政府，悬挂苏联国旗，直到意大利舰队可移交至苏联为止。

若土耳其问题进展顺利，达达尼尔海峡开始向盟军开放，这些战舰在必要时可用于黑海。在我们看来，相比之下此方案更佳，我们希望您能对此备选方案多加考虑。

4. 若您能找到可用的巡洋舰，不再需要我们另外提供，我们着实会松口气。至于那八艘驱逐舰，请恕我们实在无能为力，或许您能想办法凑齐。如若不行，只能坦白说，在"霸王"和"铁砧"行动结束前，我们绝对无法再腾出驱逐

舰了。在我看来，您有丰厚的物资储备，船舶沉没的情况又大有改观，或许那四万吨载重的商船，您自己就能凑足，话虽如此，我们还是愿意向您提供两万吨的商船。

　　5. 我的挚友，我希望您能仔细考虑上述建议的可行性，并将您的想法告知于我。在我看来，我们如此慷慨的举动或许会赢得斯大林的欢心，至少这些方案能向他传达我们友好的态度以及愿意遵守承诺的诚意。我尚不清楚，在提出了这项备选方案后，他是否依旧会在条件尚不成熟的条件下，坚持讨论意大利问题。无论如何，我们还是要把这件该做的事情做完。

1944 年 1 月 16 日

＊　　　＊　　　＊

罗斯福总统对这项备选方案表示赞同。美方表示，他们将负责提供一艘巡洋舰。1 月 23 日，我同罗斯福总统联名向斯大林发报，内容大体上同我的上述电文一致。过了几天，我们收到了斯大林的回复，内容如下：

斯大林元帅致首相和罗斯福总统：

　　1 月 23 日，我收到了由首相先生和总统先生联名签发的电文，您二位主要谈到了将意大利舰队移交苏联使用的问题。

　　德黑兰会议上，我提出希望在 1944 年 1 月底，将意大利舰艇移交苏联。你们二位一致对此表示赞同。说实话，自那之后，我便认为这已经是板上钉钉的事了，未曾想过，这个由我们三人共同讨论决定的安排竟然还要再作更改。不仅如此，当时，我们达成一致后，只要和意大利人协商好，就再也没有问题了。然而，我发现事实并非如此，甚至您从未跟意大利人谈过此事。

当前，我们需团结协作，一道对抗德国，为此，最好不要因为这个问题横生枝节。于是，苏联政府决定接受你们的建议，即苏联在英国港口接手战列舰"皇家君主"号及一艘巡洋舰，这批军舰的使用权将归苏联海军最高指挥部所有，直到相应意大利舰只移交苏联为止；同理，英美应提供载重四万吨的商船，供苏联使用，直到相应意大利商船可移交至苏联为止。我必须要强调，上述舰艇应在2月份按时移交给苏联，不得再有任何拖延。

首相先生、总统先生，你们二位曾在德黑兰会议上一致同意，在1月底将意大利的八艘驱逐舰及四艘潜艇移交至苏联，然而，你们的电文中却忽略了这个问题。对于苏联来说，驱逐舰和潜艇是极为重要的，你们也清楚，若是没有驱逐舰和潜艇护航，巡洋舰和战舰根本发挥不出什么作用。现如今，整个意大利舰队都在你们的掌控之下，履行德黑兰会议上的承诺，将协定好的八艘驱逐舰和四艘潜艇移交至苏联，想必不是什么难事。若是英美两国愿派出等量的驱逐舰和潜艇，移交至苏联使用，以代替意大利舰艇，我亦可接受。此外，遵照德黑兰会议上的协定，驱逐舰和潜艇必须与战舰和巡洋舰一道按时移交至苏联，不得再有任何延误。

1944 年 1 月 29 日

随后，我们又多次同我们的盟国苏联通信沟通此事，其间也发生了不少争执。所幸，最终此事还是如我所愿地解决了。"皇家君主"号和美国驱逐舰按计划移交到了苏联；驱逐舰则不得不延期至"霸王"行动后再行移交。为使苏联人乐于接受，海军部又另外拨出了四艘现代化潜艇供其使用。正如各位所知，战后，苏联信守承诺，将我们的舰艇归还。我们也同样做出相应安排，以各方协定的方式，将相应意大利舰艇移交至苏联。

＊　　＊　　＊

　　大家极力劝说我，在马拉喀什再多留两星期休养，待在此地着实让人愉悦，我也很乐意留下。但是，我还是下定决心，在安齐奥战役开始前返回英国。1 月 14 日，天朗气清，我们一行人直飞直布罗陀，"英王乔治五世"号战列舰已在目的地等候。当天下午，我到得很早，随后我故地重游，再次来到"修道院"。威尔逊将军已正式就任地中海地区总司令，约翰·坎宁安上将则担任海军总司令，他们两位从阿尔及尔乘飞机出发，均已抵达此地。我们在"修道院"会合，就我们正在备战的重大战略行动展开会谈，虽难掩焦虑，我们却依旧对此行动充满希望。15 日，我同早已在"英王乔治五世"号战列舰恭候多时的同僚会合。军舰载着我们离开阿尔赫西拉斯海湾，经由浩瀚的大西洋，驶入普利茅斯，这段航程惬意极了。抵达目的地后，战时内阁和三军参谋长盛情迎接我们归来，看得出，他们很是高兴。我已经差不多两个月没回国了，我的身体状况不佳，参加的诸项活动亦是危险重重，他们少不了为我忧心。各位同仁和好友无一不忠诚可靠，托大家的福，此刻，我终于回家了。

第九章

NINE

铁托元帅和南斯拉夫

巴尔干半岛斗争的重要性——意大利投降后游击队的发展——米哈伊洛维奇和铁托之间的激烈争执——我方政策的三个新元素——伦道夫参加麦克莱恩的代表团——彼得国王的艰难处境——给铁托的信——从米哈伊洛维奇处撤出联络人员——彼得国王遣散普里奇政府

现在我要带读者们回顾一段激烈而又阴郁的故事，这段故事我在之前的主体章节中并未提及。自希特勒入侵并征服南斯拉夫之后，一系列可怕的事件便在这片土地上层出不穷。斗志昂扬的南斯拉夫幼主带着保罗亲王摄政时期曾公然反抗德国进攻的旧臣们逃亡英国。之后，南斯拉夫山区又爆发了激烈的游击战，此前塞尔维亚人就曾用这种方式与土耳其人战斗了几个世纪。米哈伊洛维奇成了游击战的领袖，他周围聚集了一批幸存的南斯拉夫精锐部队。然而，他们的抗争被淹没在世界斗争的旋涡中，很难察觉。他们遭遇了"人类难以预估的痛苦"。米哈伊洛维奇的很多追随者都是知名人士，其中很多人在贝尔格莱德有亲戚和朋友，在其他地方还有资产和人脉，这让作为游击战争领袖的米哈伊洛维奇遭了很多罪。德军奉行的是残忍的恐吓政策。为了惩治这些游击活动，他们时常在贝尔格莱德聚集四五百位名流，对他们进行集体枪杀。迫于这样的压力，米哈伊洛维奇慢慢也就转变了态度，他手下的部分将领与德军和意军达成交换条件：只要德意两国答应让他们留在山区，保证他们安全，他们便减少或根本不进行任何敌对活动。那些经受住了考验的人们也许会污蔑米哈伊洛维奇，但历史不会将他从塞尔维亚爱国者的名单中剔除，因为历史更能明辨是非。到1941年秋，塞尔维亚的抵抗在德国的恐怖政策下已经沦为泡影。这

个国家只能依靠英勇的民众继续与敌人抗争，所幸塞尔维亚人有的就是这种勇气。

于是，游击队里燃起了一股为生存而反抗德国侵略的火焰。在这其中，铁托的才能慢慢凸显出来，很快占据领导地位。铁托是一名受过苏联训练的共产主义者，一旦拯救国土的热情和共产主义信仰这两者在他的胸膛中合二为一时，他就自然而然地成了一名领袖。他的追随者是一群一无所有、不怕牺牲的人，随时准备与敌人同归于尽。这下德国所面临的难题可不是光靠大规模屠杀名人或重要人士就能解决的，他们面对的是一群无所顾忌的人，只有将他们全部剿灭才能免除后顾之忧。这些游击队员在铁托的带领下从德军手中夺下武器，人数也迅速壮大。不管敌人对人质和村庄采取如何血腥的报复，一切都无法阻止他们的行动。对他们而言，只有两种选择：自由或死亡。很快，德军伤亡严重，游击队得以控制大片区域。

当然，游击队和那些消极抵抗，或通过与敌人谈条件来自保的南斯拉夫同胞们，难免会有激烈争执。游击队员们故意破坏切特尼克①（人们是这么称呼米哈伊洛维奇的下属的）同敌人签订的种种协议。于是，德军便枪杀切特尼克的人质，而切特尼克为了报复游击队，则向德军透露他们的情报。所有的这一切在这些荒凉的山区中时有发生，无法控制。这才是悲剧中的悲剧。

*　　　*　　　*

当我醉心于其他事务时，我也尽可能关注这些事态的发展。我们除了用飞机空投一些补给物品之外也帮不上什么忙。我们在中东地区的总部负责这一战区的所有行动，他们一直通过特工和联络员与米哈伊洛维奇的部下们保持联系。1943 年夏天我们攻进西西里岛和意大利时，我也一直牵挂着巴尔干半岛上的国家，尤其是南斯拉夫。直到此

---

① 由支持南斯拉夫王国政府的南斯拉夫人（主要是塞尔维亚人）组成。——译者注

时，我们的联络员还是只和米哈伊洛维奇的部下联络，因为他们才是抵抗德国的官方政权，代表的是在开罗的南斯拉夫政府。1943 年 5 月，我们的政策发生了改变。尽管铁托和切特尼克之间的冲突还很激烈，我们还是决定派小部分英国官员和军官与南斯拉夫的游击队建立联系。5 月末，牛津大学教授迪金上尉（在战前曾帮我著书长达五年之久）空降开罗，成立了一个代表团负责与铁托联系。其他英国代表随后也赶到开罗，截至 6 月，他们已经搜集了大量情报。6 月 6 日，三军参谋长报告道："很明显，根据陆军部得到的情报来看，切特尼克已向在黑塞哥维那和黑山共和国的轴心国军队彻底妥协。近期，在黑山的战斗中打败轴心国军队的并不是切特尼克，而是组织有序的游击队。"

　　快到月底时，我开始关注如何将南斯拉夫内针对轴心国的地方抗战效果最大化。在充分搜集情报后，我于 6 月 23 日在唐宁街 10 号主持召开参谋长会议。在讨论过程中，我强调了全力支援南斯拉夫进行反轴心军队运动的重要性，因为这一运动在当地牵制着约三十三个师的轴心国部队。这点太重要了，因此我作出指示：我们必须继续增派飞机小分队前去支援，必要时可以减少对德军的轰炸和潜艇战的投入。

　　7 月 7 日，即登陆西西里岛的前夜，我致电亚历山大将军，让他注意下列事件。

　　首相致亚历山大将军：

　　　　我估计你已得知近来发生在南斯拉夫的激烈战斗以及希腊地区的大范围工人怠工现象和游击战。阿尔巴尼亚地区也大有可为。对此，英国方面只是空投了少量物资作为援助，然而这些行动还是蓬勃发展起来了。如果我们能控制亚得里亚海的入口，那么就能派少量舰只前往达尔马提亚或希腊港口，届时整个巴尔干西部地区将燃起战火，从而造成深远的影响。而以上这些行动也是我们在其他地区想要实现的目标。

　　　　　　　　　　　　　　　　　　　　　1943 年 7 月 7 日

两周后，我在下面这封重要的电报中详细论述我对意大利和巴尔干战区之间必然联系的看法：

　　首相致亚历山大将军：

　　　　我将于 8 月 15 日与参谋长们一道前往加拿大，与总统会晤。这样一来，当西西里岛的敌军被肃清时，我们很有可能碰上面……

　　　　我会派一名军官给你送一份报告，报告中我详细整理了有关铁托的游击队在波斯尼亚进行的英勇抵抗，以及米哈伊洛维奇在塞尔维亚进行的有力而又残酷的抗争情况。除此之外，最近在阿尔巴尼亚和希腊地区也出现了游击运动。为此，德国不仅在巴尔干半岛增驻部队，还不断提高这些部队的质量和机动性，并加强当地的意军力量。敌人在巴尔干半岛上的驻军不能挪为他用，且如果意大利被击溃，单靠德国根本无法承受这样的压力。因此，巴尔干方面必将硕果累累。

　　　　眼下最重要的还是要夺取罗马，攻克罗马之后，巴尔干半岛也会随之解放，届时我们将获取预期的所有好处……意大利的败落和它对德国（德国势必陷入孤立无援之境）及其卫星国①的影响，可能会在欧洲产生决定性的结果，特别是考虑到苏联所表现出来的强大力量。

　　　　这封电报便是我的全部所想，我相信，参谋长们和我的意见也是一致的。

　　　　　　　　　　　　　　　　　　　　　1943 年 7 月 22 日

---

　　①　卫星国，指国际关系中名义上完全享有主权，但其国内政治、军事和外交受强权干预的国家，强权国家常被称为宗主国，当卫星国可能出现政治变革之时，宗主国将付诸武力干涉。另外，由于国势弱小，需要有一个强大国家保护的国家也常被称为卫星国。

* * *

在启程前往魁北克之前，我决定委派一名高级军官，让他率领一个较大的使团前往巴尔干半岛，与正在前方作战的游击队保持联系。该名军官有权就未来我们对游击队采取何种行动直接向我做出建议，这样就为我们未来在巴尔干半岛的行动铺平了道路。

> 首相致外交大臣：
>
> 　　下院议员菲茨罗伊·麦克莱恩先生十分勇敢，他不仅是名议员，还接受过外交部训练。我们打算派他前往南斯拉夫，和铁托一起共事。随后，我们打算派一名准将前去接管指挥。我认为麦克莱恩十分适合，我们应该让他领导现在正在计划中的代表团，给他配备一名优秀的陆军参谋。我们需要的是一名勇敢的大使兼领袖，可以和这些受到追击的顽强的游击队打交道。
>
> 　　　　　　　　　　　　　　　　　　　1943 年 7 月 28 日

1943 年 9 月，代表团空降南斯拉夫，他们着陆时发现情况已经彻底不同了。意大利投降的消息是通过官方广播通知传到南斯拉夫的，尽管我们此前没有给出任何预兆，但铁托已经迅速采取行动且成果颇丰。仅仅几周，六个意大利师就被游击队解除武装，还有两个师向游击队倒戈，开始抗击德军。有了意军的武器之后，南斯拉夫现在可以武装八千多人，并占领亚得里亚海岸线的大部分地区。现在正是我们巩固亚得里亚海沿岸有关意大利前线阵地的大好时机。目前，南斯拉夫的游击队员总数已达二十万人，尽管他们还是以游击战为主，但现在已经全面参与抗德行动，反击德军日益猛烈的报复行动。

南斯拉夫的游击战争越频繁，铁托和米哈伊洛维奇之间的矛盾也就越激化。随着铁托军队实力的日益增长，南斯拉夫王室政权以及海外流亡政府的最终地位问题变得越来越尖锐。一直到战争末期，英国和南斯拉夫都一直在努力，试图让铁托和流亡政府达成妥协。我曾希望苏联能从中调停。1943 年 10 月，艾登访问莫斯科时，南斯拉夫问题曾被提上议程。10 月 23 日，艾登曾在会上直接表明我方态度，我们希望盟国能对南斯拉夫问题采取一致政策，但苏联对此并不感兴趣，他们既不愿意与我们交流情况也不愿意与我们商讨行动计划。

数周过去，我觉得南斯拉夫内部的分裂政权很难达成任何有效的协议。

> 首相致罗斯福总统：
>
> 尽管铁托和米哈伊洛维奇两派的冲突让人伤透脑筋，尽管希腊游击队的两派也爆发了矛盾，但巴尔干半岛的局势仍然给敌人造成了严重打击……我们英国大约派出了八十个独立的代表团，分散在长约九百英里、宽约三百英里的广阔山区，在威尔逊将军的指挥下，与游击队和爱国团体合作抗战。我方派出的一些准将级别的将领能力十分突出，很多人已经在那里待了两年了……
>
> 打仗是最残忍、最血腥的事情，德国佬无情地屠杀人质来进行报复，但敌人自己也同样损失惨重。他们在这一战区投入了不少于二十五个德国师和八个保加利亚师，但却只能勉强守住一些关键地区，对铁路交通的控制也越来越难。我们希望能尽快平息希腊内部的争端，但铁托的游击队和米哈伊洛维奇一派之间的分歧已经根深蒂固。
>
> 1943 年 10 月 23 日

我那些不好的预测都成真了。11 月底，铁托在波斯尼亚的亚伊采召集政治会议，不仅成立了"唯一能代表南斯拉夫"的临时政府，还正式剥夺了位于开罗的南斯拉夫王室政府的所有权利。会议决定禁止南斯拉夫国王在国家获得解放前回国。毫无疑问，游击队成了抗击敌

军的主要力量，意大利投降之后更是如此。但眼下南斯拉夫政府流亡国外，面临着领土被侵占、国内内战等形势，未来政权何去何从确实不应该这时候就下定论。米哈伊洛维奇这一悲剧人物已经成为主要障碍。由于要同游击队在军事上进行密切合作，因此我们说服国王解除米哈伊洛维奇陆军大臣一职。12月初，我们正式撤销对米哈伊洛维奇的支援并召回在其统治区域内的英国代表团。

＊　　　＊　　　＊

正是在这样的背景下，南斯拉夫问题被列入德黑兰会议议程。尽管三个盟国决定对游击队给予最大限度的支援，但斯大林认为南斯拉夫在这场战争中起到的作用微乎其微。对于巴尔干地区的轴心国部队的数量，苏联人对我们得出的数字也颇有微词。但是在艾登先生的提议下，苏联政府还是决定派苏联部队前去与铁托会面，他们也希望同米哈伊洛维奇保持联系。

从德黑兰回到开罗之后，我去见了南斯拉夫国王彼得，告诉他游击队的强大力量和游击运动的重要性，并告诉他有必要解除米哈伊洛维奇在内阁中的职务。国王要想回到祖国只能靠我们从中调解，在游击队进一步扩大控制范围前迅速与铁托达成一些临时协议。苏联人也公开声明，愿意帮助双方达成妥协。12月21日，苏联大使将下列函件交给艾登先生：

　　苏联政府意识到，目前以铁托元帅为首的南斯拉夫全国解放委员会和以国王彼得为首的流亡政府之间关系十分紧张。双方相互攻击和谴责，尤其是最近发生的一些事已经引发了双方公然的敌对行为，这已经影响到南斯拉夫的解放事业。苏联政府同意英国政府的看法，有必要促成双方进行合作，这有利于南斯拉夫人民抗击德国侵略者。苏联政府也意识到很难实现这一任务，但愿意尽一切可能帮助南斯拉夫内部双

方达成妥协，以此来团结南斯拉夫人民，实现盟国的共同利益。

至于我们该在这样不利的情况下采取何种方针，大家的建议几乎都是一致的。在铁托麾下任职的军官和派往米哈伊洛维奇处代表团的指挥官二者的想法差不多，驻南斯拉夫王国的英国大使史蒂文森先生也有同样的看法。他于 12 月 25 日致电外交部："未来我们的政策要以下列三个新情况为着眼点：游击队将会成为南斯拉夫的统治者。于我们而言，游击队有很重要的军事价值，因此我们必须全力支持他们，所有的政治考虑都应退居其次。至于我们还能不能继续团结南斯拉夫王室政权，这点很值得怀疑。"

*　　*　　*

我卧病在马拉喀什时，南斯拉夫问题一直让我忧心忡忡。之前同我一起待在开罗的麦克莱恩，此刻正准备赶回南斯拉夫。他非常希望我的儿子能与他同行，因此我们安排伦道夫空降南斯拉夫，加入英国代表团。

首相致外交大臣：
　　此刻，伦道夫正等着空降南斯拉夫。他于 12 月 25 日留下一封便条。我认为其中提及的内容很合理，并在很大程度上表明了你我的观点。他不日便会动身。
　　1. 三周前，麦克莱恩和迪金曾在开罗提出撤销米哈伊洛维奇将军的职务，他们认为这是南斯拉夫采取任何有效政治行动的前提，对此，史蒂文森并未打算反驳。尽管此间双方有所争执，但现在看来，史蒂文森三周前的做法是对的。但现在由于国王的拖延，我们可能只能在军事方面获得一些好处，而非政治方面。

2. 麦克莱恩在开罗时曾强调，解除米哈伊洛维奇的职务可能不会给国王带来任何好处，但这么做可能会创造一种良好的氛围，对国王的前途命运很有好处。或许这一见解有失偏颇，有一定局限性，但在如今看来仍然是正确的。

3. 因此，现在一定要做好下面两件事：（1）英王政府立即断绝同米哈伊洛维奇来往，彼得国王最好也立即解除米哈伊洛维奇的职务。（2）麦克莱恩立即返回铁托驻地，并在当前的局势下争取最大的军事利益，同时探查罢黜米哈伊洛维奇的职务会给国王带来什么好处。

1943 年 12 月 29 日

我也表达了我自己的观点，同时草拟了一封给铁托的复信：

首相致外交大臣：

现在让铁托以承认彼得国王为交换条件来罢黜米哈伊洛维奇的职务应该是毫无可能的。一旦米哈伊洛维奇被罢免，国王的机会也会大大增加，到时候我们可以在铁托的总部为国王申辩。在开罗的时候，我们已经达成了一致意见，让彼得今年年底前解除米哈伊洛维奇的职务。从迪金和麦克莱恩的口中，加上收到的所有报告，我们得知米哈伊洛维奇一直在和德军勾结。因此，在国王（而不是我们）罢黜他的职务前，铁托和国王是不可能和谐共处的。

我是否应该发出下面这封电文，还是仅仅表达我友好的谢意即可，我想听听你的意见。若按后者这么做，我担心会失掉一个同这位重要人物结交的绝佳机会。

我不希望这封私人电文惊动到美国和斯大林，而且这会造成无法避免的拖延。如果你没有异议的话，我就打算先把这封信空邮给在巴里的麦克莱恩，让他转交。他和伦道夫日内就会空降南斯拉夫。请告诉我你打算如何同米哈伊洛维奇

断交，另外告诉国王也照做。在我看来，这是彼得唯一的
机会。

1943 年 12 月 30 日

1 月 2 日，我又在电报中说道：

> 一些我认识且信任的人说米哈伊洛维奇是南斯拉夫幼主
> 脖颈上的一块磨石，只有摆脱了米哈伊洛维奇，国王才有机
> 会。对于这一论断，我也深信不疑。

外交大臣表示同意，于是，我写信给铁托。此前铁托曾向我表示
祝贺，恭喜我身体康复。

> 非常感谢你以及南斯拉夫的爱国者们和游击队对我健康
> 的关心。我从我的朋友——迪金少校那里听说了你们的英勇
> 事迹。我最大的愿望就是尽一切人力给你们提供海上物资和
> 空中支持，并派遣突击队帮助你们在岛上作战。麦克莱恩准
> 将也是我的朋友，同时也是我在下议院的同僚。很快，我的
> 儿子伦道夫·丘吉尔少校（他也是一名议员）将会和他一起
> 前往你方司令部工作。
> 眼下我们的首要任务便是将纳粹—法西斯这一邪恶势力
> 从欧洲的土地上彻底肃清。我们向你保证，英国绝不会在南
> 斯拉夫未来的政府这一问题上独断专行。但与此同时，我们
> 希望先尽可能团结一切力量来打败我们共同的敌人，随后再
> 根据人民的意愿来决定南斯拉夫未来政府的形式。
> 英国政府已经决定不再给米哈伊洛维奇提供任何军事援
> 助，只会援助你方。此外，如果南斯拉夫王室政府愿意解除
> 米哈伊洛维奇的一切职务，那也是我们乐意看到的。然而，
> 南斯拉夫国王彼得二世在年少时摆脱了摄政王保罗亲王的魔

爪，作为南斯拉夫代表和落难的年轻王子投奔我国，倘若英国对其置之不理，那也未免太不仗义。当然，我们也不能要求他与他的国家断绝已有的一切往来。因此，我们无论如何都会同南斯拉夫国王保持正式关系，但与此同时我们会尽我们所能给你提供军事援助，对此希望你能理解。我也希望你们双方能停止争吵，因为这只会让德国从中获利。

请你放心，我会和我的朋友斯大林元帅和罗斯福总统密切合作；我也衷心地希望，苏联政府派往你方总部的军事代表团能同麦克莱恩准将率领的英美代表团一起和谐地工作。如有来信，请让麦克莱恩准将代为转交。如果你有什么需要我帮忙的请直说，我必定尽我所能。

希望你们能早日免遭这样的痛苦，也希望整个欧洲都能尽快摆脱蹂躏……

非洲

1944 年 1 月 8 日

时隔近一个月，我才收到回函：

铁托元帅致首相（1944 年 2 月 3 日收到）：

1. 您托陆军准将麦克莱恩转达的来信已经收到。这封信表明：在争取自由和独立的非凡事业中，我国人民多了你们这位真正的朋友和盟友，你方深知我们的需求和愿望。您的来信对我个人来说，是一份无上的荣耀，因为您在信中高度赞扬了我们的付出和民族解放军的抗争。您还将您在德黑兰会议上的照片附上题词赠送给我，对此我向您表示衷心的感谢。阁下，请您放心，对于这份在我们民族最艰难时期建立的珍贵友谊，我们定将尽力维系。南斯拉夫饱受摧残，我们的人民也备受煎熬，因此无论现在还是未来，战时还是战后，我们都需要伟大盟国的援助，帮我们结束这场战争，抚平可耻的法西斯侵略者给我们带来的重大创伤。作为军事抵抗法西斯的同盟国之一，我们希望尽全力履行我们的职责。盟国提供的支援极大地缓解了我们在战场上的处境，我们也希望能在您的帮助下获得重型武器装备（坦克和飞机），就当前的战局和民族解放军的实力来看，这些装备必不可少。

2. 你方与国王彼得二世及其政府有约定，这点我十分理解。只要我国人民的利益不受影响，我会尽力避免不必要的政治斗争，以免在这一问题上给我们的盟友带来不便。阁下，我向您保证，眼下国内的局势是我们为自由而战的必然结果，这不只是个人和某些政治团体进行斗争的产物，而是所有爱国志士和所有正在为自由而战的人，以及长久以来被卷入这场战斗的人的共同愿望，这些人占据了南斯拉夫各民族群众的大多数。因此，人们（为自己）设置了艰巨的任务，我们必须要完成它。

3. 此刻我们将全部力量拧成一股绳，以便：（1）召集所有的仁人志士，让我们的反侵略斗争更加高效；（2）团结南斯拉夫各民族，正是由于战前的不团结才导致了今天的灾难；（3）创造一切条件，争取建立一个让南斯拉夫各族人民满意的国家，一个真正民主的南斯拉夫，一个联邦制的南斯拉夫。我相信你们一定会体谅我们，你们也一定会给南斯拉夫人民的奋战提供宝贵支援。

南斯拉夫元帅铁托

我即刻复函：

首相致铁托元帅（南斯拉夫）：

1. 得知你已顺利收到我的信，深感欣慰。我也很开心能收到你的来信。你对国王彼得的立场有所保留，对此我表示理解。过去数月里，我一直劝他解除米哈伊洛维奇的职务，

并直面随后出现的现任顾问全部辞职这一局面。我之所以迟迟不肯行动，是因为这一举动无疑是要让他排除身边仅存的追随者。在私人方面，我对他有一定的责任，相信你也会表示理解。罢免米哈伊洛维奇之后，你们之间是否能够尽释前嫌？国王能不能在随后参加你们的行动？还请你告知。关于南斯拉夫未来的君主政体问题，应待南斯拉夫全部解放之后再行商议。毫无疑问，倘若你能和国王达成一致协议，这势必会团结多方力量，尤其是现在已经疏远的塞尔维亚人民，你们的政府和行动也会更有权威，拥有更多资源。只有这样，南斯拉夫才能在这个不断变动的、一切都要重塑的时期团结一致，在盟国会议上发声。我非常希望你能给我一个满意的答复。

2. 英王陛下政府希望你们：（1）团结所有的仁人志士，让反侵略斗争更加高效；（2）团结南斯拉夫各民族；（3）创造一切条件，建立一个真正民主的南斯拉夫联邦。英王陛下政府一定会全力支援你们完成上述任务。

3. 我已下令，让地中海盟军最高司令即刻组织一支两栖突击队，辅以空军和小型舰队，在你们的帮助下进攻德军在达尔马提亚海岸一带所占领的岛屿。突击队很快便会集结完毕，相信一定能肃清这些岛屿上的德国守兵。其次，我们必须从海上建立一条直达你方的交通线，尽管具体线路可能会不断变动。有了这条交通线后，你们需要多少坦克、反坦克炮、其他重型弹药以及必要的供给，我们都能运达。关于以上所说的一切，你可以和陆军准将麦克莱恩仔细探讨。我很信任麦克莱恩，他能立刻同我和最高司令取得联系。

1944 年 2 月 5 日

铁托回信道：

关于你信中提到的各点，我咨询了南斯拉夫民族解放委员会和南斯拉夫反法西斯人民解放委员会成员们的意见。经过仔细研究之后，我们得出下列结论：

1. 如您所知，南斯拉夫反法西斯民族委员会于 1943 年 11 月 29 日召开第二次会议，会上再次确立了支持南斯拉夫各民族团结的立场。然而，只要同时有两个政府存在，一个在南斯拉夫，一个在开罗，就不可能有完全的团结。因此，位于开罗的政府，连同德拉查·米哈伊洛维奇必须被罢黜。与此同时，位于开罗的政府还必须向反法西斯人民解放委员会政府说明其浪费的巨额公款。

2. 盟国应该承认南斯拉夫民族解放委员会为南斯拉夫的唯一政府，国王彼得二世也应遵循南斯拉夫反法西斯人民解放委员会的法律法规，以示支持。

3. 如果国王彼得二世接受以上所有条件，并同意在解放南斯拉夫后，按照人民的自由意愿来决定其君主政体问题，那么反法西斯人民解放委员会便不会拒绝同他合作。

4. 国王彼得二世应发表宣言，声明他内心只心系祖国利益，只希望祖国能重获自由，并承诺在战争结束后让人民自主决定国家的组织形式。在此之前，他会竭尽全力支持南斯拉夫各族人民的艰苦斗争……

1944 年 2 月 9 日

首相致铁托元帅：

我非常理解你的难处，也很欣赏你应对困境的精神。与此同时，也感谢你能理解我的处境。目前，我们首先要做的是从米哈伊洛维奇处安全撤出联络官。我们已经发布了相关命令，但可能还得等几周才能完成。与此同时，倘若国王彼得二世摆脱了米哈伊洛维奇和那些邪恶的顾问，且保证南斯拉夫各族人民有权在战后根据自己的意愿来决定本国体制，

那你能否确保让国王加入他的国人的战斗？如果我没看错的话，这个年轻人最大的愿望便是和南斯拉夫人民共同抗敌。然而，我现在不能逼他罢免米哈伊洛维奇的职务，抛下他的政府并同塞尔维亚断绝一切联系，因为我尚不清楚此后你是否会支持他并愿意同他合作。

我已经建议国王彼得二世，让他回到伦敦同我商量这些事情。因此，我希望你能再好好考虑，改变你的要求，这样我们双方才能促成南斯拉夫的团结，抵抗我们共同的敌人。倘若你有什么具体的要求，请直接向我提出来，不要有任何犹豫。万一你的愿望我不能全部满足，请你放心，这绝不是因为我对你和你的国家缺乏善意。

1944 年 2 月 25 日

*　　*　　*

1944 年 2 月，我向议会解释了所有的情况，我说道：

"游击队是按游击战方针组建的，他们在巧妙的指挥下捉摸不定且杀伤力极强。他们的行踪飘忽不定，无处不在。此前，德军曾朝他们发起大规模进攻，但即便被包围，这些游击队也能在重创德军之后顺利逃脱，让德军伤透脑筋。参与游击战的人数很快便在数量上超越了米哈伊洛维奇将军的部队。投奔铁托元帅的不仅有克罗地亚人和斯洛文尼亚人，还有大批塞尔维亚人，目前铁托的追随者已经超过二十五万人，他们从敌军和意军处缴获大量武器，将游击队员们整编成不同的师和军。

"整个行动已经成形，且仍然保留了游击队的特点，也正是这样才得以成功。以这些英勇的部队作为中心和基础，一个全国的、团结的运动就这样发展起来。共产主义者有幸成了这一行动的先驱，但随着行动规模和力量的日益壮大，这一行动慢慢变成了一种联合行动，人民的民族意识也随之觉醒。游击队发现铁托元帅是一个出色的领袖，他在自由之战中获得了辉煌的胜利。然而令人不悦的是，这一新势力不可避免地与米哈伊洛维奇的队伍产生了冲突。游击队的活动破坏了米哈伊洛维奇的部下们与敌军达成的和解。米哈伊洛维奇想要镇压游击活动，于是两股势力之间爆发了许多惨烈的战争，就这样同一国家、同一种族内部产生了不和，当然这所有的不幸都归咎于他们共同的敌人。

"过去很长一段时间内，我一直密切关注铁托元帅的行动，并试图寻求一切手段来援助他，现在依然如此。我的一位年轻朋友、牛津大学特别研究员、优秀军人勋章获得者迪金中校，大约在一年前通过跳伞前往南斯拉夫，并在铁托元帅的总部待了八个月。此前，他们两人曾为同一枚炸弹所伤，随后成了朋友。当然，这是一种人民之间的纽带，但我觉得我没必要在私下里和他建立这种交情。迪金上校的报告生动地向我们展示了整个斗争所牵涉的人物。"

*　　*　　*

在流亡伦敦的南斯拉夫人士之间，关于南斯拉夫政权的争执持续了两个月之久。随着时间流逝，双方和解的机会也越来越小。

首相致外交大臣：

我认为应该尽力督促南斯拉夫国王摆脱现在那些可能会让他致命的顾问们。如我所知，我认为早在去年年末就应该如此。我不知道像现在这样继续拖下去有什么好处……自始至终，我一直认为国王应该和米哈伊洛维奇撇清关系，接受普里奇政府的辞呈或遣散他们，就算几周没有政府也不会有什么大的影响……我也觉得国王彼得应该发表合适的宣言。恐怕我们目前能做的也只有这么多了。

……此前，我曾听说有三个德国师奉命撤出南斯拉夫，前往匈牙利。当然，眼下最重要的是让铁托的部队同匈牙利

游击队取得联系，并尽可能充分利用北方的新局势。

上述情况对我们和铁托很有利，但很显然对国王彼得和他那狼狈不堪的政府于事无补。除非他像你在备忘录中提到的那样，立刻采取行动，否则在我看来，他要想恢复王位几乎没有任何希望。我们曾在开罗讨论过这些问题，自打那以后，苏联使团曾浩浩荡荡地前往铁托的总部。

因此，我希望你立刻采取行动，为国王起草一份合适的宣言，让他罢免普里奇及其同伙，断绝同米哈伊洛维奇的一切联系，成立一个不会引起铁托怨念的临时政府。只有这样，我们才有一丝希望在未来的五到六周内帮他和铁托达成和解。虽然塞尔维亚政治形势复杂，但我们绝不会因此就阻碍那些希望同游击队一起奋战的部队前去支援。

1944 年 4 月 1 日

差不多到 5 月底，米哈伊洛维奇才被免职。温和的舒巴希奇博士[1]受命组建新政府，他曾任克罗地亚总督，也是马切克博士的农民党成员。

首相致铁托元帅（南斯拉夫）：

今早，国王彼得二世按照英国的建议遣散了普里奇政府，以及罢免了米哈伊洛维奇担任的陆军大臣一职。目前，国王打算任命克罗地亚总督（伊万·舒巴希奇博士）组建政府或国务委员会。这种做法势必能获得英王陛下政府的强烈支持。

我们不清楚这一系列举动会对南斯拉夫的塞尔维亚地区造成什么影响。作为总司令，米哈伊洛维奇在当地身居要职、大权在握，即便陆军大臣的职位被罢免，也不会削减他的影

---

① 舒巴希奇，全名伊万·舒巴希奇，于 1944 至 1945 年任南斯拉夫流亡政府首相。——译者注

响力。至于他将如何应对，我们不得而知。此外，当地还有大约二十万塞尔维亚自耕农，虽然他们仇视德国，但有着强烈的民族情绪，农民所有制观念也已根深蒂固，这点同卡尔·马克思的理论截然相悖。我的目标是让这些人同你们并肩作战，为南斯拉夫的独立和统一奋斗，直到将卑鄙的希特勒主义的刽子手和侵略者彻底驱逐出南斯拉夫的土地。

当然，这一系列行动的实施都需要时间，这点对我们的共同事业、我们的关系以及我们的主要目标十分重要。在此期间，倘若你迫不及待地公开斥责这些行动，那着实会让我心寒。欧洲即将发生重要事变。意大利的战争已经朝对我们有利的方向发展，威尔逊将军向我保证要竭力支援你方。因此，我认为我有权要求你禁止发表任何反对这一系列事变的言论，直到几周后我们就此事互通电报为止。

麦克莱恩准将目前和我在一起，他将于三周内带着此间收集的所有意见前往你处，我希望你至少等到他到了再从长计议。

与此同时，你方在各战线牵制了大批敌军师队，对此我再次向你表示祝贺。铁托元帅，很快你便会发现，战争很快就将进入白热化阶段，英、美、苏三国的军队都将朝我们共同的敌人展开猛攻。届时，你也务必要使出全力。尽管我不能向你保证敌军将迅速崩溃，但可能性确实是有的。

1944 年 5 月 7 日

24 日，我又去信说：

南斯拉夫国王已经罢免了普里奇和他的党羽，我想前克罗地亚总督定能召集一众拥护者。我认为这个新政府应该暂时保持沉默，任形势自然发展。我相信，这点和你在之前的电报中提到的想法不谋而合。我也一直向苏、美两国通报我

们之间的最新进展。

　　如果伦道夫抵达你处，请代为转达我对他的关爱。很快，麦克莱恩也将回到你处。我也希望能亲自前往，但无奈我上了年纪且体型臃肿，无法跳伞。

　　这一幕便到此为止，下面我们将谈谈其他那些同样让人捉摸不定且规模更大的事情。

附　录

首相的个人备忘录以及电报

1943 年 11 月

首相致帝国总参谋长：

1. 感谢你向我汇报这些情况，但是我仍对其中的一些要点感到疑惑。我非常同意我们要有一个"尺度"，这也是我一直想解决的问题。"尺度"是统一的标准。只有有了"尺度"这一标准，才能使用"师"这一单位。一个"师"对德国而言，是两万名士兵；对苏联而言，是一万五千名士兵；而对于英国和美国则是四万两千名士兵。很遗憾，"师"没有统一的标准。

2. 情报局已经对一个完整的英国师和一个完整的德国师的战斗力做了最精确的分析。一个英国师比一个德国师多出两万两千名官兵，那么多出的这部分是由何种兵种构成？请将分析结果交给我……

4. 让我以最近抵达意大利的英国第五步兵师为例。该师一共有一万八千四百八十名官兵。那么其余的两万三千多名官兵在哪里？这些官兵何时抵达意大利？还有，在这两万三千多名官兵中，有多少是战斗部队？他们迟早要加入战斗行列。

5. 你能否再给我一份关于意大利集团军及其军队的兵种构成表，并且附上估算的给养人数？当然我也十分理解，这个估算的数目不一定是最新的数据。

6. 在英国远征军中，波兰装甲师承担什么任务？据我所知，波兰装甲师配备了不下四百辆坦克。看样子，该师既不从属于第二十一集团军，也不属于本土野战军队。是否还存在类似波兰装甲师这样的部队？所有的陆军坦克旅都作何安排？我最近收到的统计表上显示有八个陆军坦克旅。我觉得很有必要就这些问题提出我自己的意见。

7. 据我所知，在一个为数两万的德国师中，实际参与作战行动的兵力有一万两千人；而我们一个师有四万两千名官兵，实际参与作战的兵力只有一万五千人至一万六千人。若果真如此，那情况不容乐观，毕竟德军的战斗力与我们相当，并且他们能迅速进行远距离行军。但是另一方面，英国集团军和陆军指挥官拥有的炮兵、工兵以及信号兵占全部士兵的比例，比德军在这方面的占比要大。因此，英国集团军和陆军指挥官能根据形势需要，为各自的师提供更有力的援助。

8. 请你在写报告时，尽量将给养人数、兵营数量以及坦克和大炮数量交代清楚。看到我们内勤和非战斗人员附属部队的数量不断增加，我深感担忧。在执行类似"霸王"这样的作战计划时，每个士兵在船上都有各自的位置并从岸上获取给养。在这种情况下，我们必须对后勤工作进行严密分析，在作战初始阶段更是如此。我希望你能尽快在国防委员会或者参谋长会议上，详细讨论某些具体细节。

1943 年 11 月 1 日

首相致海军大臣：

1. 从一开始，我就完全赞同你提出的关于轻型输送舰的主张。我打算在这个星期抽个时间，与你和第一海务大臣以及军需署长探讨这一问题。目前在我看来，1945 年和 1946 年并不需要这么多艘轻型输送舰。

2. 但是，我们现在必须审视整个海军的人力情况。海军部要求，要为 1944 年的舰队规模增加二十八万八千人；为造舰厂增加七万一千名劳工，总计约三十六万人。海军部提出这一要求之际，正是我们因人力紧缺而无法开展各项作战活动之时。最近出现了以下这些新形势：

（1）很大程度得益于空军的协助，我们已经决定性地击败了德国潜艇。

（2）意大利舰队已经向我们投降。

（3）"黎歇留"号以及许多小型法国舰队已加入作战。

（4）美国在太平洋聚集的兵力比日本多一倍。

（5）"提尔皮茨"号是敌军在西方唯一的主力舰。该舰在未来几个月都无法航行（除非是德国的新航母竣工）。

3. 鉴于目前出现了上述新形势，我们今后的发展方向是：我们要适当裁员，甚至有可能裁减现有的海军人员；只要有新的舰只竣工，我们就要立即安排旧舰只退役并且对其进行维护。内阁是否应考虑制订一项大计划，安排旧舰只退役，并且缓建或暂停已经在建但是近期无法竣工的舰只？我们的发展方向其实都是在回答一个问题：在你对手的实力已经减弱而你同盟的实力得到增强时，为何还要求如此庞大的人力？在目前这一紧急时刻，如果海军部在作战时还将一艘不需要的战舰留在战场上，那么它就没有为国家作出最大的贡献。

4. 至于那四十多艘即将退役的驱逐舰，我认为最好的办法是对其进行改装与保养。至于那些需要两年时间才能竣工的驱逐舰，我们应延缓造舰进度或者暂停造舰工程。

5. 你曾提议要保留部分军舰的服役资格。现在，请你向我递交一份关于所有具有保留资格的军舰的清单，并将这些军舰与德意两国均是我们敌国之时（例如 1941 年 1 月 1 日），我们的服役军舰及其配给人员的数量相比较。驱逐舰和小型舰艇应分类列出，舰上配给人员只需列出总数。请列出服役军舰数量，包括三个阶段：1941 年 1 月 1 日、当前以及 1945 年 1 月。另外，请对出海舰只和未出海舰只进行区分，并把海军航空部队包括在内。

6. 据我了解，美国已经确定缩小反潜艇的制造规模，而扩大登陆艇的制造规模。一直以来，只要造船厂的车间一有空闲，我就会敦促工厂造反潜艇。目前我们拥有越来越多的反潜艇，再加上种种迹象表明，敌人的生产力下降，船员士气低落。因此，我们需要重新审视建造反潜艇这个问题。

1943 年 11 月 1 日

首相致飞机生产大臣：

　　我收到你于 10 月 27 日发来的备忘录。你在备忘录中表示，改进作战飞机需要耗费大量工时，对此，我印象尤为深刻。我希望改善工作仅限于提高飞机作战方面的价值。

　　看了你备忘录中的附表，我发现了一个令人不安的事实，即我们并没有生产真正的重型轰炸机。虽然我们相信"维克斯·温莎"式轰炸机的性能一定会比改良过的"兰开斯特"式轰炸机的性能要好，但是前者并没有比后者大很多。"兰开斯特"式轰炸机将于明年年底投入生产。与此同时，美国的"波音 B29"式飞机已经投入生产。"波音B29"式飞机全机重达十二万磅，可装载九吨炸弹，航程达三千英里。据我所知，他们还将设计六个引擎驱动的"B36"式飞机，这种飞机全机重达二十五万磅，可载重三十吨，航程达四千六百英里。我们是否也应考虑制造具备类似性能的飞机？

1943 年 11 月 6 日

首相致陆军大臣及帝国总参谋长：

　　1. 据我所知，按照计划，在"霸王"作战计划进攻之日，美国将出动十五个师，而我们将出动十二个师。如今，令我深感遗憾的是，我们无法出动与美国一样多的师，也无法比他们多出动一个师。这与"师"的定义有很大关系。我希望我能告诉他们（美国人）："在前线上，我们将并肩作战，你们有一个兵，我们就有一个兵；你们有一门炮，我们就有一门炮。"此外，我们还做了许多额外工作。如此一来，在一些事关重大的作战行动中，我们便能维护自己的权利。

　　2. 为达成以上目的，我可能会将那些留守在岛屿上的部队置于极大的风险当中。在所有的正规部队离开英国本土期间，如有必要，我们应动员大量国民自卫军。如果由此导致军火产量下降，我们也只好

接受这一结果。

3. 之前我们提到，我们在意大利战场上处于优势地位。因此，我们可以解决最近在意大利战役中遇到的麻烦。在另一场至关重要的作战任务中，我们应当出动与美国一样多的兵力。另外，如果我们宣布我们已经提高（即增加）出战兵力，我们正在进行的一切商议都会更为顺利，并且很有可能会让对方同意推迟进攻日期。请你认真思考这一问题，随后我们再一同商讨具体事宜。

1943 年 11 月 6 日

首相致枢密院院长：

我希望你可以设法将一些余粮分拨到家禽养殖户头上。我们可以向这些家禽养殖户象征性地征收其他物品代替余粮。因此，相比将等额的余粮分配给家禽养殖场，分拨给养殖户将会为我们生产更多鸡蛋。养鸡并不需要耗费劳动力，而且多余的鸡蛋可以作为对养殖人员的报酬，并鼓励他们进行生产。此外，这还将增加他们的收入，为他们平时拉家常提供话题。目前，每张饲料配给证的配给量少得可怜，不足以支撑一个小家庭养活少量的家禽和抵消搭建家禽棚的费用。在我看来，如果提高饲料的配给量，很多家庭便会自己养鸡生蛋给自己吃，这样我们便能节省运输蛋类的费用和劳力。

1943 年 11 月 11 日

首相致教育大臣：

1. 我很高兴收到你于 9 月 16 日发来的电报。你在电报中提及利用影片教学一事。我饶有兴趣地读完了整份报告。得知你个人对此事十分关心，我感到非常欣慰。

2. 如果学校在教儿童读写的时候，没有利用直观的教学方法加以辅助，那么就一定会有很多儿童的才能得不到发展，或者发展不全面。此外，所有的小学生都应该观看优秀的影片。这种为小学生摄制的电影可以分为两类：

（1）旨在配合和阐明正规课程的影片；

（2）向小学生介绍光辉历史遗产的影片。通过放映影片，我们可以教育小学生：他们现在是历史遗产的继承人，将来则会成为历史遗产的捍卫者。

3. 我无法在财务方面对你作任何承诺。你在施政报告的附录中提及了教育提案的额外费用。然而，这笔费用却是一笔巨款。毋庸置疑，对于这笔费用，你要连同该项计划的其他方面一起估算。但是我注意到，在德国，租用影片和放映机的费用是向家长收的，我不确定这一办法是否适合你的计划，特别是在将观看电影作为小学生正规课程的一部分的情况下。至于某些小学生自愿观看的电影，我们或许能以某种形式收取费用。或许你能向我具体说明其中的细节。

1943 年 11 月 11 日

首相致伊斯梅将军，转参谋长委员会：

我们之所以在福克兰群岛派驻强大的守军，是因为当时情况紧急。我想知道的是，在上级下令削减驻军之前，事态将会如何发展。如果一艘日本巡洋舰占领这些岛屿，并占领我们那些尚未配给人员的新建的防御工事，那将会多么令人惋惜。这种意外不一定会发生，但还是有发生的可能。你计划如何安置那一千五百名士兵？他们属于哪个团？

1943 年 11 月 16 日

首相致第一海务大臣及伊斯梅将军，转参谋长委员会：

1. 我现在思考的主要问题是：1 月初攻克罗马，1 月底占领罗得岛。前者已经万事俱备，但后者还要满足两个条件：第一，土耳其向德国宣战，并且盟国可以利用其基地；第二，一个精锐的英国师先行登陆，第十英印师紧跟其后，并继续登陆。因此，我们需要可以运载一个师的登陆舰。由于作战行程很短，再加上八千多名德军将受困于主要据点，我们无须为这些师全部配备车辆。我们还需要多少艘登陆舰？可从何处获得？第一海务大臣的想法是，我们可以调动某些隶属于东南亚指挥部的登陆舰来执行这一任务；随后再及时赶回东南亚，执行"长炮"作战计划或者其他计划。

2. 如果蒙巴顿海军上将放弃执行"长炮"作战计划，那么这些登陆舰就可不必匆忙赶回东南亚。与罗得岛相比，安达曼群岛不过是微不足道的战利品，而且我们今年随时都可攻占该岛。除了要攻占罗得岛等岛屿，我们还要剿灭八九千名（这个数字是我们迄今为止在意大利本土作战中俘获的德军俘虏的三倍）德军或者迫使其投降。

1943 年 11 月 21 日

1943 年 12 月

首相致陆军大臣：

我在中东时，第四轻骑兵团曾请我关注军事参议院第 1408 号指令。该指令于 11 月 26 日颁布，其内容是关于违规佩戴军帽一事。该指令规定，皇家装甲团（第十一轻骑兵团除外）的正式军帽是"黑色贝雷帽，在穿着军装和便服时均应佩戴"，若军官有便装帽，可允许其佩戴，需要时再进行更换。

2. 第四轻骑兵团担心战后仍然推行该项规定，唯恐他们将同坦克部队一样，只能佩戴黑色贝雷帽。

3. 若我是第四轻骑兵团的上校，我会向他们保证：对他们而言，这只是一项战时措施，一旦供给充足，他们便可获准购买并佩戴便装帽。

4. 希望你能作出这一保证。请告知我你的想法。

1943 年 12 月 13 日

1944 年 1 月

首相（马拉喀什）致陆军大臣：

我们应竭力减轻国民自卫军的负担，因为他们的任务比任何形式

的民防组织都更为繁重。而且国民自卫军中大部分人员目前技术娴熟，因此，不应仅为完成每月四十八小时的任务时长而强制其进行操练。无论有无警报，国民防空自卫军每晚必须执勤十二个小时，但普通国民自卫军应在晚间和每周周末进行操练。如果国民自卫军不参与巡逻，就无法保证各项工作顺利进行。因此，国民自卫军中许多人三年多以来几乎没有个人的闲暇时间，而且他们必须参加这种强制性巡逻，否则他们将面临罚款或关押。

现阶段，我们应官方宣布削减国民自卫军的值勤时长，而不是由各队的指挥官自行裁定。同时，将守卫任务和艰苦训练减至最低，而对拥有熟练操作证章的人，操练也仅限于检修武器。

1944 年 1 月 7 日

首相致海军大臣及第一海务大臣：

无线电近炸引信①

今年开春后，美国海军将获得大批引信供应，甚至可用于口径达四英寸的大炮，但我方在作战期间却没有类似装备，你们满足于这种现状吗？我认为此事事关重大，应由海军部出面解决。

我们能否请美军调拨一批引信？还是说，你对我军的爆炸方法甚为满意？

1944 年 1 月 10 日

首相致伊斯梅将军，转参谋长委员会：

1. 这篇报告（即联合情报参谋处对日本在东南亚的企图的报告）证实了我此前的观点：日军侵略印度的危机已经解除。而在接下来的几个月内，东方舰队即将完成组建，日后其实力定将超过日军的任意一支分遣舰队，因为日本海军心系太平洋战场，无暇他顾。且印度的

---

① 无线电近炸引信，是利用无线电波获得目标信息而实现弹药解除保险和发火控制智能化的引信。其广泛配用于对付各种地面、水面和空中目标的杀伤弹或杀伤/破甲弹。——译者注

空防力量也大为增强。

2. 上述情况让我再次得出这一结论：我们应继续削减印度军队中的大批低素质部队。因为除了驻印度及其边境的英国部队外，我们还需向近两百万人派发军饷并提供给养。对此，你应向印度总督和奥金莱克上将下达指示，命令其在本年度至少裁军五十万人。这样一来，虚耗粮饷的问题便可得以解决，同时，还应密切关注提高余下部队的素质一事，并尽可能依靠当地的尚武部落。而且，我们要努力让印度部队回归到战前高效率、高水准的作战状态。我们应将那些被遣散的军官和技术人员召回印度部队，以此增加该部队的军官数量，尤其是白人军官和干部的数量。各地募兵标准需严格一致，且所募新兵仅限于有真正作战能力的人。

3. 同时，请印度事务部向我提交一份财务报告，说明自开战以来印度军队（英国军队除外）每年的财政支出，以及平均人力分配情况。

1944 年 1 月 17 日

首相致伊斯梅将军：

看来，目前要重新向各位将领和高级司令官发送有关演说的通令。请将该通令交于我过目。近来，我们似乎发表了不少演说，也接受了许多访问。

1944 年 1 月 19 日

首相致伊斯梅将军，转参谋长委员会：

我们应该维护我军在达尔马提亚海岸的统治权。因为英国驻意大利的空军享有制空权，可轻易飞抵该海岸。同时，我方还占有极大的海军优势。安齐奥战役已经结束，此时我军组建一支搜查队应该是轻而易举的事情。该队可由两千名突击队员组成并至少配备十二辆轻型坦克，负责全面清缴德军占领过的各个岛屿，并肃清或俘虏岛上的守军。我们可就此拟订一项计划，再交由最高统帅审核。

请立即开展这项工作。敌军既没有制空权，也没有制海权，如今我们却眼睁睁地看着敌军封锁整个达尔马提亚海岸。如果我们集中进攻，他们能否守住这些岛屿？

1944 年 1 月 19 日

首相致自治领事务大臣：

我一直希望新西兰师能参加罗马战役。这并不是因为我们无其他军队可用，而是因为他们的参战是一种象征。目前，他们极有可能参战。但如果他们放弃欧洲战场，那将会令人感到惋惜。

此外，我倾向于削减新西兰师的兵力，将他们降到旅的级别。尽管如此，他们依然是师，并将其他旅编入其中。我希望他们能参战，日后他们也将以此为傲。

另外，在特殊人员回国的问题上，我不该让弗雷泽先生感到为难。

1944 年 1 月 23 日

首相致伊斯梅将军：

蒙哥马利将军说，他需要十支突击队参与实施"霸王"作战计划，但他目前只有七支突击队。我们能否满足他的这一请求？关于将第二特别空军团中的部分专业人员调回国内担任教练一事，你已作何安排？我不准备将整团人马悉数调回国内，但我同意让部分专业人员回国担任教练。

1944 年 1 月 25 日

首相致伊斯梅将军，转参谋长委员会：

我已阅读"英国在中东地区的战略需求"一文。从中可见，三军参谋长们认为分区治理（巴勒斯坦）将引发犹太人的愤恨。但事实恰好相反，引起犹太人愤恨的是政府的白皮书。阿拉伯人反对分区治理，且其一切暴力行动都将受到犹太人的抵制。我们必须牢记韦维尔勋爵的话：若由他们自行解决此事，最终的结果将会是犹太人击败阿拉伯人。因此，我们大可联手犹太人，实行内阁政府报告中的分治提案，这不会有太大风险。我绝不接受列表中所列的关于保持国内安全的必要条件，因为这些要求的假定前提是：犹太人和阿拉伯人将会联手对付我们。显然，若犹太人反对，我们不应实施任何巴勒斯坦分治计划。

1944 年 1 月 25 日

首相致自治领事务大臣：

在我看来，设想我们能于 1944 年战败希特勒并以此制订计划并非明智之举。我们不能排除希特勒在法国取胜的可能性，因为战争的风险非常大。凭借大批设备，敌人的后备军能迅速从一个据点转移到另一个据点。而我从德国内部获得的一切情报都显示：希特勒及其政府仍然全面控制着德国，轰炸后的德国也没有任何叛乱的迹象。从我军与德军交战中可见，以意大利战役为例，德军的军队素质、军事纪律和作战技巧都一目了然。

1944 年 1 月 25 日

首相致陆军大臣及帝国总参谋长：

1. 我不赞同使用"盟军地中海中部军事力量"这个名称，且事先未与我商议，不应将其公之于众。

2. 由二十个师组成的军队称不上"军事力量"。更何况这支军队的活动范围与中地中海的区域范围有出入。例如，马耳他岛和突尼斯都属于中地中海区域范围；科西嘉岛和撒丁岛的情况也类似。此外，特意留给最高统帅的南斯拉夫并没有划给亚历山大将军（纯粹出于作战目的除外）。因此，无论从哪一方面讲，使用这个名称都不恰当。

3. 我任命亚历山大将军为"驻意大利盟军司令"，他接受了我的任命。这是效仿上次战役的先例，当时"英国远征军"随着队伍不断壮大，更名为"驻法国及佛兰德的英国军队"。因此，这次也应更换军队的名称，若是大家同意这一决定，那么在罗马战役成定局之时改名最为适当。

1944 年 1 月 25 日

首相致蒙哥马利将军：

　　附件是生产大臣关于双层甲板坦克所作的临时答复。这种坦克看起来还不错。

　　我希望不久后能收到关于防水材料的深层报告。对于一支拥有三十个师的军队而言，这二十万辆坦克的配备似乎过于庞大，若以每师两万人计算，总共才六十万人，而实际上只有不到四分之三的人参战。鉴于每辆坦克至少需一个半人驾驶和看护，这就占去了三十万人。有人希望有足够多配有步枪和刺刀的步兵来保护这一大批车辆，以免其落敌人之手。

1944 年 1 月 27 日

首相致霍利斯少将：

　　将地中海的主司令部设在意大利并不合适。因为威尔逊上将的辖区覆盖了整个北非战线，因此不应将他安排在某一特定区域。而亚历山大将军对北非的指挥权也不应因最高司令部的设立而被削弱。我认为在克服迁移（这些司令部）至突尼斯地区的困难方面，我们所付出的努力还不够。你已经考察过马耳他岛吗？如果找不到其他合适的迁移点，那么对亚历山大将军而言，在适当精简聚集在阿尔及尔的冗余军官后，再驻留此地才是最佳选择。

1944 年 1 月 28 日

首相致内政大臣：

　　你在 1 月 24 日交于我的备忘中，谈到了政府机密工作中的用人问题。

　　我赞成对设置陪审团一事严加保密，并特别提醒所有陪审员谨记这一点。至于是否采取行动，最终决定权取决于其所在部门，并且由该部门的大臣级领导对议会负责。

此事涉及三种不同层面的责任。

军事情报局第五处负责为陪审团收集证据；陪审团负责审查这些证据，并决定是否对有关部门采取行动；若采取行动，则由该部门确定行动方式。

我同意为陪审团招入一名精通人事安排的财政部高级代表，但我反对强制要求陪审团接纳有关部门的代表。若是陪审团拒绝受理某个案件，而当事人部门的成员想了解案件的起诉过程，这就有失公允。同时，陪审团主席可根据具体情况自行纳入一名相关部门的成员。

1944 年 1 月 30 日

首相致外交大臣：

针对调查卡廷森林一事，我认为应私下征求欧文·奥马利爵士的意见。根据坟墓上的桦树的生长时间而作出辩解，这与新说法相吻合吗？有人查看过那些桦树吗？

1944 年 1 月 30 日

首相致海军大臣和第一海务大臣：

我同意将这四艘改装好的快速航母纳入海军部即将开展的计划当中，但我认为应提前将两艘舰只改装好，这样一来便能在后两艘舰只的修建过程中运用之前所有的改装优势。同时，我认为其他四艘战舰也应纳入这一海军计划，它们分别是："雄狮"号、"冲锋"号、"征服者"号和"雷神"号。这些战舰已经议会批准，但尚未着手建造。但需说明，目前我们只需完成设计工作。我们应设法让"先锋"号在 1945 年夏季竣工。请告知我这项任务涉及哪些问题。

我想了解，你们订购的战舰数量是否多于我们在战争期间的生产量。1943 年，你们所订战舰的排水量总计八十万八千吨，但实际生产的战舰排水量吨数只有四十万两千吨，其中三十三万七千吨已经竣工。

因此，除非我们的生产速度远远高于1943年，否则我们还需耗时两年零三个月的时间来完成去年的订单。迄今为止，我们每年都至少制订两个造舰方案，这便使得你们手中经批准生产的造船任务远远超出你们能完成或消化的限额。此事若让其他好事生非之人知晓，对海军无丝毫益处。这一安排势必会影响整个新方案。而且我认为，凡是妨碍订单上类似舰只生产，或本身不能在1944年竣工的船只，均不得纳入造舰方案。

3. 我们谈到1945年与日军交战的主力舰队。我认为应该使用四艘"英王乔治五世"级战列舰，它们分别是"声威"号、"纳尔逊"号、"伊丽莎白女王"号和"厌战"号，共八艘战列舰，再加上可随时调动的大量装甲航母和辅助舰船①，而以上这些舰队都可根据需要获得巡洋舰中队和小型舰队的支援。请提交一份发展辅助舰队的阶段性方案。我希望"先锋"号能在秋季加入此次作战。而且还应考虑改装意大利"利特里奥"级舰艇，以便其参加此次服役。请上报完成改装工作所需的时间、劳务和开销。

4. 倘若美国需要，我同意于1944年6月向其提供你们已准备好的分舰队。重要的是，这绝不能妨碍"长炮"作战计划。该计划是我们在1944—1945年期间，调集孟加拉湾一带强大的陆、空两军对抗敌军的唯一手段。若能克服其他困难（不出意外的话），部署在孟加拉湾和太平洋之间的舰队也须投入"长炮"作战计划之中。

5. 为实施11月或12月的"长炮"作战计划，我们必须请求美国借给我们一定数量的登陆艇。鉴于我们将为其提供分舰队，他们应该不会拒绝我们的要求。不过，这件事还是等蒙巴顿海军上将的属下抵达再作商议。

6. 为组建战后舰队，我们应聚焦以下舰只：四艘"英王乔治五世"级战列舰中的幸存舰只、一艘现代版"纳尔逊"号、"先锋"号

---

① 辅助舰船，是执行海上战斗保障、技术保障和后勤保障任务而不直接参加对敌作战的各种舰艇的统称。

和四艘大炮口径为十六英寸的战列舰。这些战舰应列入我们的战舰清单，如条件允许便着手改造。另外，我们还应要求获得两艘意大利"利特里奥"级舰艇，这样可能总计有十二艘战列舰。当然，这取决于这些战列舰是否将被新式舰艇所淘汰。目前看来，这种情况不仅没有发生，相反，德国潜艇对这些战列舰造成的威胁已很大程度得以解决，且战列舰对空袭威胁的控制也达到了前所未有的高度。为满足作战急需，我们新生产的重型舰只已投入使用，且我方在地中海地区输出较大，因此我坚持认为我们亟须这两艘"利特里奥"级舰艇。请你们根据目前的规模，草拟战后（如 1947 年）舰队的概况并报告于我，以便我能充分顾全大局。

7. 我同意使用"厌战"号战列舰，同时也希望"罗德尼"号加入"霸王"作战计划中的轰炸舰队。你们还有其他舰只可调来执行该任务吗？此刻，我想你们正为提供合适的舰上炮手、最新的训练方法和必要的落弹观测员而绞尽脑汁，但你们火药充足，既可用于轰炸敌军，也可用于摧毁混凝土筑成的防御工事。有空军作掩护，轰炸舰队的威力应该会更为惊人。

8. 稍后我将答复你所提出的人力方面的提案。我想，你们目前在各训练机构、港口和基地的人员以及流动人员的总数至少达十万人。在今后的两年里，你们可以先调遣这批人，然后再动用我们有限的人力储备。这就需要对训练机构和工厂中的人员进行合理精简。

1944 年 1 月 31 日

1944 年 2 月

首相致伊斯梅将军，转参谋长委员会：

经验表明，一旦发动大型进攻，未受牵连的其他战线总是消极备战。战争成了焦点，有时以微小的代价甚至是不费吹灰之力，便能取得价值非凡的收获。

……

2. 请在高度保密的情况下，研究下列内容：

（1）在3月、4月、5月三个月内，将第一、第六英国装甲师和第六南非装甲师转入摩洛哥，该行动可借平息当地动乱或增援"霸王"作战计划为由。

（2）在"进攻开始日"的第二十或第三十天，趁着所有军队都外出行动，先以奇袭的方式攻占波尔多，再用少数登陆艇将这些师运往该地。这一目标有望实现，因为敌人的空军都被引至北部。把这批部队放到法国中部和南部去自由行动，将立刻引起广泛性起义，这会给主要战役带来极大帮助。

3. 此外，请研究这批部队能否经由陆路秘密潜入摩洛哥，然后极其隐秘地登船，再绕一个大弧（从海路）抵达进攻点。

4. 上述行动并不影响"铁砧"作战计划，因为该计划中没有任何部队参与这一秘密行动。

5. 如果此次行动（"哈利发"作战计划）进展顺利，随后美国将派各步兵师横渡大西洋直抵新基地。

6. 从上述行动看，运输三个装甲师需要多少舰只？如果派五千名突击队员登陆波多尔（当然是在常规港口登陆）需要多少登陆舰？如何在无人注意的情况下，找到运输队并调回卡萨布兰卡？如果一切顺利，登船、航行和下船将耗时多久？我们还需要一支航母舰队掩护登陆，若到时我们已在北部建好基地，掩护任务就并非难事。若我们仍不知变通，为蝇头小利而放弃在其他地方的大好机会，那将是愚蠢之举。

1944年2月2日

首相致自治领事务大臣：

1. 如有必要，我可以在本周五召开一次特别内阁会议，一同商讨轴心国外交使团进驻都柏林的事宜。或者，我们也可以在周一的全体会议上商议此事。

2. 泄露英美运兵船行动的信息固然危险，但这远不及泄露"霸

王"计划的准备工作所带来的危险严重。若德国和日本各大臣仍驻守在都柏林，出于军事安全考虑，我们有必要在未来几个月内，切断爱尔兰和欧洲大陆的所有通信。眼下，人人都可以乘爱尔兰舰只前往西班牙，并将其在英国听到的一些关于英美作战的消息传播出去。就算我们彻底切断海上通信，也不能阻止德国使用无线电发出我方登陆日期的信息，尽管他们最后才得知这一消息。

3. 我正准备向罗斯福总统发送电报，请他留意这些危险，因为我认为这十分严重；我还会要求他将此事交由参谋长委员会商议。

1944 年 2 月 2 日

首相致外交大臣：

你在备忘录中提到将某些公使馆升格为大使馆。

对此我必须要声明，古巴这颗"安的列斯群岛中的明珠"足以与其他地方媲美，也应享有这种升格的权利。如果其他地方的公使馆都已升格，唯独这个广袤、富饶、美丽的"烟草之国"没有这个权利，那将对它大为不敬。况且古巴的确比委内瑞拉更有资格。忽略这个小岛就等于多了一个劲敌，而且不久之后还是得像对待其他国家一样，给予古巴同等待遇。

1944 年 2 月 5 日

首相致伊斯梅将军：

"哈利发"作战计划的报告进展如何？如果计划人员尚未完成工作，请你告诉他们，摩洛哥的集结地域应至少集结三个法国师，以策应英国装甲师"哈利发"计划的袭击行动。

1944 年 2 月 7 日

首相致爱德华·布里奇斯爵士：

除非遭到一次异于往常的闪电式轰炸，否则我不打算离开内阁作战室。我认为新式轰炸与这种轰炸别无二致。你应该为掌玺大臣安排合适的住处，其他大臣的住所则不变。

1944 年 2 月 12 日

首相致爱德华·布里奇斯爵士：

　　塞尔伯恩勋爵在信中谈到了战后过渡时期的住房原则一事，我无法回答他的问题。不考虑货币价值而将土地价格固定在 1939 年的标准，这无异于针对某一阶级并没收其财产的一种法令。因此，法令中必须补充这一条款：土地价值应与 1939 年保持一致，即实际价值相同。

1944 年 2 月 19 日

首相致伊斯梅将军，转参谋长委员会：

　　"耕作部队"的目标是趁着雪季在挪威展开作战，这种作战主要借助空军运输的小型坦克。士兵们可利用这些坦克进攻、移动，在某种程度上还能将其作为庇护所。至此，"耕作部队"就被视作突击队执行常规任务。空运坦克的计划效果如何？有多少支"耕作部队"？目前驻意大利的部队实际在什么地方？该部队的表现如何？

　　1. 我个人认为，此次战役将"朱庇特"作战计划排除在外并非明智之举。我们本该在 1943 年战役期间解放挪威，但我们的美国盟友也许不赞成这一战略，我们也无法得到国内必要的支持。如果"霸王"作战计划失败，或我方难以抵挡希特勒在法国集结的兵力，那我们将有必要于 1944 年至 1945 年的冬季，在挪威、土耳其和爱琴海发动侧翼进攻。考虑到上述突发事件，我不愿解散这支部队。同时，还可将该部队派往巴尔干半岛执行任务，或肃清据守于达尔马提亚海岸外各岛屿上的德军。

　　2. 请就以上内容发表你的意见。

1944 年 2 月 19 日

首相致内政大臣：

　　为"霸王"作战计划安排一个全国性的祈祷日，简直是大错特错。在我看来，完全没有必要在当前这一时期另设一个祈祷日或感恩日。

1944 年 2 月 22 日

首相致外交大臣：

　　对于所有交战国，我们都会"进攻"。

　　1. 对于被敌人征服的盟国国土，我们希望能"解放"它们，因此我们会"入驻"。

　　2. 对于像意大利这样同我们签订了停战协定的国家，首先我们会"进攻"，鉴于意大利的合作态度，我方在意大利的进一步行动就势必会转为"解放"性质。

1944 年 2 月 25 日

首相致外交大臣：

　　我完全同意立刻偿付民间向美军要求的赔款（赔款金额超过五千美元）。显然，在宪法层面上，美方无法解决这一问题。

　　1. 驾驶疏忽引起诸多麻烦，目前我正同艾森豪威尔商讨此事的补救方法。我确信，若将此事交由他处理，他会行使自己的有效权力进行约束。不管怎样，我们都应先尝试一番。

　　2. 我认为完全没有必要在议会上对此事发表长篇大论，因为这有可能引起美方的反感；同时我也考虑不周，下议院会因此事对你百般刁难。我非常愿意让艾森豪威尔对此事严加管束，再看结果如何。同时，你在议会上的陈述应仅限于这一个事实：在英王陛下政府同美国政府进一步讨论之前，我们将偿付这五千美元的赔款。

1944 年 2 月 27 日

首相致伊斯梅将军和派尔上将：

德国新式炸弹的爆炸力无疑已经增强。在这种情况下（通常情况下当然也是如此），是否应尽可能为空袭时不值勤的防空人员提供狭长的掩蔽壕和防炸弹气浪或弹片的掩体？凭借"窗户"装置，敌军可能每次空袭的时间不长。而防空人员又多为女性，若是空袭时没有执勤的话，她们便可直接使用这些狭长的掩蔽壕。在大多数战役中，如果物资齐全，高射炮队自身也能建造这些掩体；如果需要外来支援，我们应该优先考虑在最易暴露的地方修建掩蔽壕。

1944 年 2 月 28 日